アソシエイト 7つの行動指針

行動1
お客様はいつも正しい、
お客様から学ぶこと

行動2
プロとしての自立をすること

行動3
365日24時間全てのことから
学び日々勉強すること

行動4
プラス思考で素直に素早く
3歩以上駆け足で行動する
こと

行動5
現状に満足せず常に改善／
深化／改革し続けること

行動6
アソシエイトの人生を
尊重すること

行
お客様が
行動

サービスの 3ステップ

STEP Ⅰ
45度のおじぎと
あたたかい笑顔で
「こんにちは」の心からの
あいさつをします。
そして、お客様をお名前で
お呼びします。

STEP Ⅱ
お客様のお話をよく聞き、
気の利く感じの良い
接客をします。
そしてニーズを先読みし、
お応えし素早く行動します。

STEP Ⅲ
感じの良いお見送りと
「ありがとうございます」の
あいさつは心をこめて、
お客様のお名前を
そえるようにします。

JN296904

本物商人・佐藤勝人の

エキサイティングに売れ！

サトーカメラ代表取締役専務
日本販売促進研究所
経営コンサルタント
佐藤勝人

同文舘出版

まえがき

最近の大手チェーン店の、お客様を無視するかのごとくの企業論理には腹が立って仕方がない。結局は、資本主義社会の〝規模の論理〟だけで成り立っているからだろう。

ライバル企業とのシェア争いしか眼中になく、株価争いに明け暮れる。一流大卒の大手の雇われ社長が、何だか薄っぺらに見えてしまう。

たしかに、大手の企業理念はすばらしいし、社長も優秀であることは認めるが、その大手の商品は何だ？

大手の商品は、ただひたすら販売量の拡大をめざすことで生産性を高めるという発想の産物でしかない。

ここで、その商品やサービスの一つひとつが企業価値を生んでいることを、もう一度しっかりと認識するべきである。

私が、あらゆる業種業態を対象に全国津々浦々にまで講演・セミナー・個別訪問指導を行なうことで気づいたこと。

それは、日本全国どんな地方に行っても、テレビや雑誌による大手の情報ばかりが氾濫する今の世の中では、われわれのような地域密着型の中小店のような商売では売れる気がせず、お先真っ暗な気分にさせられる。それほど、大手企業向けの、そして中小店には否定的な情報ばかりが氾濫している。

もしあなたが、社員１０００人以上の会社をつくりたければ大手企業の論理を学ぶべきである。会社を上場させて社会的地位を上げたければ、それもいいかもしれない。

しかし、近所のお客様にとっては社会的地位なんか関係はない。あなたの店のその料理はおいしいのかまずいのか!?　その商品がお客様を満足させることができるのか!?　ただそれだけなのだ。

あなたの店とあちらの大手では、どちらがお客様にとって便利で、親切で、面白くて、価値があってお得なのか?　それだけだ。

お客様にとって、企業の社会的地位なんてどうでもいいことなのだ。だから、上場なんてしていなくても、地方にはお客様の心をしっかりとらえたすばらしい店、地域のお客様から支持される店はたくさんある。

あなたは店を選ぶとき、その店が上場していないから、社会的地位が低いから行かないなどと考えるだろうか？

経営は、すべてが大手への道を歩まなければならない、というわけではない。当たり前のことだが、あなたの力相応にしか規模を拡大していくことはできないのだ。

だからと言って、右肩下がりのこの時代、何でもありの我流経営でも明日はない。

では、まったく新しいビジネスモデルをつくるか？　それなら、宝くじを当てるよりも確率は低いだろう。

それよりも目の前の仕事、目の前の商品、目の前の地域、目の前のお客様、目の前の仕組みを変えて、あなたの得意な商品であなたの得意な商圏内に販路を広げていこうではないか！

――このような感じで毎日更新しているブログ、『佐藤勝人の経営一刀両断』から、テーマごとにベスト38話を選抜して、さらにくわしく説明を書き加えさせていただいた。

これからは、中小店の時代だ！　みんなでエキサイティングに売っていこうではないか！

2007年9月

佐藤　勝人

CONTENTS

本物商人・佐藤勝人のエキサイティングに売れ!

part2 ∨∨∨ 接客はエキサイティングに！

part3 ∨∨∨ お客様をワクワクさせる販促

part4 ＞＞＞ リーダーは何をどう学ぶべきか

part5 ＞＞＞ 中小店の「人づくり」と「人遣い」はここが違う

part6 ∨∨∨ 気づき、学ぶから成長する！

装丁・本文DTP◎ムーブ
写真◎水田伸介
製作協力◎宮西ナオ子

本書は、２００６年7月28日よりスタートしたブログ、「佐藤勝人の一刀両断」の第1話から第２００話までの中から、テーマごとに38話を抜粋し、さらにそれぞれのコンテンツごとに解説を加えた構成になっています。

part 1

中小店は一点集中で攻めよ！

不完全だからいい！

いろいろな社長様から学ぶこと……。

人生のたった一場面、
そのたった一場面、
その局面だけを見て、
成功だの勝っただの、
失敗だの負けただの、
と決めつけすぎると思うときがある……。

あまりにも、瞬間的な勝敗を決めるスポーツの感覚を経営に当てはめ過ぎる、と感じることがよくある……。

基本的に経営者は、もっと大局的に物事を見なくてはならない。

よくあるのが……

失敗パターンだったものが、自社に有利な時代背景や競争相手がいなかったおかげで、まぐれで成功しちゃうということ。

その場合、自分の能力を過信して、まともな勉強をしなくなる場合が多い。

大局的に見ると、実にマズい展開でもある。

失敗パターンは、失敗してもらわないと困るのだが……。

時代背景のおかげでたまたま成功しちゃうから、それが成功パターンだと勘違いしてしまうのだ。

経営は運だ、仏様だ、神様だと、経営判断を宗教的なものに委ねてしまう場合が多い。

だって、これが成功パターンだったのだから……。

そして、もう一度その運にすがろうとする……。

実は、自分が失敗パターンを身につけていることを知らずに……。

だから、そういうタイプの社長は、時代背景がすべて、自分の成功への基準になってしまっていると感じた。

そしてそれを、「一般論」ということに気づかされた。

そんなこともあって、私たち経営者の本質は、「不完全性」にあるんですね。

①経営は、よくも悪くも経験から学ぶ

②一場面での結果を、負けた、失敗という言葉で表現するが、すべては「成功への学び」だ

③「成功への学び」とは、経験した人が「成功への学びだ」と気づくまでは、永遠に同じことが繰り返される

④「成功への学び」に気づかずにいると、「学び」のレベルがしだいにむずかしく複雑に感じはじめ、経営を辞めたくなってくる

⑤自分の行動が変化したとき、何かを学んだことを自覚する

ありきたりになるが、負けたことも失敗したことも終着点ではなく、大局的に見て成功へのプロセスを見直せ、ということなんでしょうね。

経営を常に大局的に見られれば自然に忍耐力が生まれ、勝負強さが生まれてきます。

忍耐力があるから、成功へのチャンスが増えてくるんです。

忍耐力って、我慢することではありません。「大局的に見る」ということなのです。

私たちの失敗に無駄はないっていうことです。

◎大手企業と中小企業の経営者は、それぞれ立場が異なることを理解すべし

多くの中小企業経営者は、成功するための秘訣を知りたくて、さまざまなセミナーに出たり、大手企業の経営者の真似をしようとするが、実際にはうまくいかないとぼやく。

そのとおり！　うまくいくはずなどない。通常、マスコミで取り上げられている大企業の社長とわれわれ中小企業の社長では、まったく立場が異なることに気づくべきだ。

大企業の社長は、４～５年も職務をはたせば社長交代となる。任期が過ぎれば、退職金をもらってリタイヤとなる。その任期の間、業績を上げるために、リストラをはじめとした、少々手荒でも、一時的な業績アップの方法を用いる。

しかし、われわれのような中小企業では、そんなやり方は通用しない。われわれの場合は極端に言うと、「死ぬまで仕事をしなくてはならない」からだ。

だから、決して一時的な業績アップをめざしてはならない。長期的に経営を継続していくのだ。つまり、長い目で見て成長していく経営を考えていかなければならないのである。

◎あきらめない限り失敗はない

よく、経営をスポーツにたとえて「勝った、負けた」という表現をする。しかし、経営を「勝った、負けた」という次元で捉えることはできない。「経営には勝ち負けもないし、失敗もない」からだ。途中であきらめなければ、決して失敗したことにはならない。途中で止めた人だけが失敗と言われる。つまり、止めた瞬間が失敗なのだ。

もし、瞬間的に失敗したと考えたなら、そこで対応策を考えればいい。まずは、失敗の原因を探る。そこで改善する方法がわかったとき、初めて成功が見えてくる。

ただし、ここがむずかしいのだが、時代は常に変化している。いつまでも今までの成功にしがみついていたのでは失敗の原因をつくることにもなる。時代は変わり、人々のライフサイクルも、消費のライフサイクルも変わる。常に変化していく時流の中で、「すべてが不完全だからいい」のだ。

むしろ、完全なんてあり得ないことを知ろう。それをよく心得たうえで、もし失敗したと思ったら、まずその事実を認め、そして今までのやり方の問題点を究明するべきなのだ。

永遠に不完全だから、一時的に成功したと喜んでいてはならない。そして、目先の「勝った、負けた」にこだわり過ぎないことだ。

経営的な成功とは、最終的には長期戦であきらめないことなのである。

会社経営で、経営者にしかできない仕事があるということは自慢にはならない！

自分ひとりでできることなんか、たかが知れている。

自分にしかできないことを自慢するのもいいが、経営者にしかできないのでは、会社は永遠に発展しない……。

芸人や職人なら、自分にしかできないということは、誇るに値する。

しかし会社経営においては、経営者にしかできないものなんか、今の世の中ほとんどないはずだ。

経営者にしかできない……。

人に教えていないのか……。

人に教えるのが苦手なのか……。

人が覚えるのが遅いのか……。

自分が教え下手なのか……。

それとも、わざわざむずかしく教えることで業務の困難さを誇張して、自分自身を守っているだけなのか……。

手の内を隠すことが賢いという考えも、かつてはたしかにあった。

その文化は、伝統を300年以上守り抜くことが使命の一子相伝の職人の世界……。

しかし、それでは経営者ひとりにしかできないのだから、その後の会社の成長もたかが知れている。

今の時代の経営では、経営者にしかできないものなどない。

会社を経営するうえで、経営者にしかできないことがあったら、それは大局的に見て、その会社には発展性がないということ。

大局的に経営を見られない経営者として恥と知ろう。

▼▼▼ 会社経営で、経営者にしかできない仕事がある
ということは自慢にはならない！

◎「自分がいなくては駄目」などと言う社長は問題

経営指導をしているとき、多くの社長や店長が語る自慢話は共通している。それは、「この仕事は私にしかできないんですよ」、「部下は気がきかなくてねえ。私がいなくては会社が回っていきませんよ」などと、自分の存在を自慢すること。携帯電話を片手に、いつも電話をかけまくっている。会議や出張で席や会社を離れると、社員からの電話の嵐……。

このような人は一見、求められている人のように見えるが、実は経営者としては大問題だ。「自分がいないと会社が回らない」ということは自慢にはならない。会社経営をしていくうえで、経営者に「自分にしかできない仕事」があることは恥ずべき事態であり、決して自慢できる状態とは言えない。

たとえば職人の世界なら、「自分にしかできない」ことは価値を生み出す。また芸術家の世界でも、人ができないことができれば、そのパフォーマンスは高く評価される。

ところが経営に関しては、職人や芸術家とは違う。たしかに、オンリーワン、イコール自

分にしかできないものを持っていることはすばらしいことだ。しかし経営者としては、自分にしかできない仕事があるということは、部下に対する教え方が下手で、質の高い部下を育成する能力に欠けている証明に他ならない。むしろ、恥じるべきことと心得るべきなのだ。

◎経営者は、会社内でオンリーワンになってはならない

経営者は組織、あるいは会社の中でオンリーワンになってはならない。ここが、多くの人が勘違いをするところだ。自分がいないと会社が回らないということは、悪い意味での中央集権。自分がいないと会社が回らないという仕組みをつくってしまったわけである。自分が業務にしがみついて部下を育成していないから、会社が進歩・発展していかないのだ。そこで大切なことは、勇気と忍耐力を持って人に任せること。ここで、初めて経営者には次なるステップが見えてくる。

私は、今では好きなことしかやっていない。自分がいなくても組織が動くように仕組みをつくってきたからだ。そして、自分が経験してきたことを、適任の部下に教えるようにしている。するとその部下が育っていくため、自分はやりたいことができるようになる。その繰り返しによって、さらに人が育っていく。そして、これが組織をつくる経営の極意になっていくのだ。

繁盛店をつくるのと成長店をつくることは違う！

販促だ！　キャンペーンだ！
一時的に売上げを上げることなんか、カンタンだよ！

しかし、繁盛店をつくるということと会社を成長させるということは、まったく違います。

売上げを上げることと会社を成長させることは全然違うのだ！

売上げなんて、だれでもカンタンに上げられるよ。
10万円で仕入れた商品を5万円で売れば、長蛇の列で完売だ！

どう？　カンタンでしょ!?

売上げなんて、いくらでも上がるよね。
冗談はさておき……。

売上げを上げるということは、あくまで瞬間的なこと。

もちろん経営は、瞬間、瞬間の積み重ねだが、会社の成長ということを視野に入れると、すべてはひと・ヒト・人……人の質にあり！

最終的には、「会社の成長＝人材の成長」に行き着いてしまう。
人を育てない限り、あなたの思い描いている次へのステージには移れない。

最近、売上げが厳しいというのは、
99％が人材の成長に問題あり……。

たとえ、どんなにすばらしい人材を引き抜いたとしても、それはあくまでも瞬間的な売上げにしかならない。

いくらすばらしい人材だって、育たない限り、育てない限り、次への成長ステージには上れない。

すばらしいアイデアを持っている人なんて、全国には腐るほどいるし、腐るほど埋もれている。

アイデアだけでは、経営者としてメシは食えない。

アイデアだけでメシを食いたければ芸人になればいい。

そして専門家として、自分の芸だけを磨いていればいい。

さらに、腕利きのプロデューサーに仕えればいい。

私が言いたいのは、会社は強制的にでも教育を与えて意識的に人材を育てていかない限り、次の成長ステージも次の成長ステップも見えてこない、ということ。


経営者自身の勉強が足りないから……なんて言っている場合ではないんですよ。

経営者面して、知ったかぶりしている場合ではない。

経営者に恥もクソもない。

一緒にやればいいんだよ。

一緒に経営の技術、マネジメントの技術、マーチャンダイジングの技術、商品構成の技術、マーケティングの技術の勉強をすればいいじゃん！

待っていればそのうちに……では、絶対に身につかない。

待っていたって絶対に育たないよ！

いくら待っていたって、そのうちに部下が自然に自分で覚えることは、サボることと手抜きをすることだけ……。

強制的にでも部下を育てなければ、

会社は絶対に成長しないんです。

あなたひとりの能力なんて、たかが知れています。

いくら、自分自身を過大評価しても、天才イチローひとりでは試合には勝てないのと同じ。

1人よりも2人。
2人よりも3人。
3人よりも7人。
7人よりも15人。
15人より30人。

会社を成長させたければ、ひとりでも多くの人を教育し育てること。

ちなみに、店を繁盛させたければ、あなたひとりのアイデアだけでも充分です。

現状を打破するためには、
店を繁盛させながら日銭を稼ぎ、

その間、体験させながら人材を育て、
経営を学ばせ、成長店として軌道に乗せることが
私の仕事かなあ。

会社を成長させたければ、ひとりでも多くの人を教育し育てること。

∨∨∨ 繁盛店をつくるのと成長店をつくることは違う！

◎繁盛店と成長店の違いを知っているか？

繁盛店をつくるのは簡単なことである。利益は別にして、売上げだけならすぐに上がる。行列のつくり方やキャンペーンを張るのも、実は簡単なことなのだ。しかし、「繁盛店づくり＝一発屋」ではない。それでは、先行きが不透明となってしまう。大切なことは、成長し続ける店舗をつくることだ。そうでない限り、永遠に店は繁盛しない。

さて、ここで「繁盛」＝「成長」と思っている方が多いようだが、これは間違いである。「繁盛店」と「成長店」とは違う。私が考える「成長」とは、社員の自立であり、そのような社員の勢いで伸びていく会社のことだ。つまり、自分の能力を使って、自由に選択や決断ができる人たちが集まる会社をつくり上げていくことなのである。

◎システマティックな社員教育を与えなさい！

成長店とは、地域の人たちが就職し、地域で働き、そして地域に貢献する。しかも働きながら、自立した大人となって、お互いに信頼と尊重の下で議論ができ、よりよい商品を提供していく、教育の場も備えた店舗のことである。

すなわち、成長店にするために最も大切なことは社員教育、人材教育なのだ。会社を、店を成長させたければ、一人ひとりに対しての教育を怠ることなく、丁寧に人材づくりをしていくことだ。ここで、「社員教育」と言うと多くの経営者は、会社にいればそのうち覚えると考えていたり、自分の仕事のやり方を見て「盗んで覚えろ」というような、一種、職人的・時代錯誤的な考え方をしているかもしれないが、これは大きな誤りである。

今の若い人に「オレの仕事を盗め」と言ったところで、覚えてくれるものではない。経営者の側から地道に教え込んでいかない限り、部下は決して育つことはない。社員をそのまま放っておいて自然に覚えることは、「さぼること」と「手抜きをすること」だけと言っていいだろう。放任主義ではダメなのだ。

だから、率先して自分で考え、問題を解決していく力を養えるように教育をしていかなくてはならない。それが、成長店をつくる早道なのである。

◎社員を、子分や奴隷のように管理してはならない！

ときに、自社の社員をまるで子分か奴隷のように管理する経営者がいる。ところが、このような立場に社員を置くと、社員は依存心だけが増大し、いつまでたっても社長がいなくては会社が回らなくなってしまう。こうなると、苦労するのは社長自身である。

それなのに、多くの経営者はあえて社員を育てようとしない。と言うのも、社員が自立したら、勝手なことを言ったり生意気になって独立してしまうのではないか、と恐れているからだ。社員の人間性や可能性を育てず、教育も与えず、会社につないでおくわけだ。

すると、社員は常に社長に依存し、社長がいなくては決断が下せず、常に社長に判断を委ねるようになる。その結果、社長は常に「自分がいなくてはこの会社は回らない」ということになり、社員もそのような依存関係の会社から出ていくことはない。

サトーカメラでは、常に自分で考えることが求められるため、自分で考えることが苦痛という人はすぐに辞めていってしまう。

しかし一方では、自主自立を学んだ人は、よい実績を残している。自分は「ただのワーカーでいい」という考え方の人は当社にはいない。向上心のある人だけが働いている。依存心の高い人ばかりが残り、優秀な部下が去っていってしまうのは、むしろ警告と捉えるべきである。それを謙虚に受け止めて改善していかないと、あなたの会社の5年後、10年後はどうなっているかわからないだろう。

地域一番店を間違って解釈されては困る!

アンチ全国チェーンということで、
安易に地域密着型だ、地域一番店だって、
みんなは声を大にして言うが、
間違って解釈しているところがほとんどだと感じています。

地域密着型って、何もお客様に親切にしていることだけではないんですよ。

地域一番店って、業界で地域一番の売上げをつくることでもないんですよ。

総合売上げが一番ということでもないんです。

そういう発想だと、ただ、だだっ広くてでかい店をつくって、商品を何でもかんでも詰め込んで売上拡大に走るのだ。

私が実践している
「一点集中」とは、
「一点突破」とは、
「一番主義」とは、
「地域密着型」とは、
「地域一番店」とは、
それらの間違った安易な発想とは、まったく異なります。

自社自店にとって、商圏内で、得意一番商品の占有化ができる状態をつくることが地域密着であり、地域一番店という表現になります。

だから、それは総合売上高で計算されるのではなく、商品ごと、部門ごとに表現されるのです。

あるべき占有化は、商圏全体の購買力の26%以上のシェアを抑えること。

圧倒的最大として、55％以上のシェアを自店自社が抑えてしまうということにあります。

それは、2位や3位の店を合わせても、合計で上回る占有率を取ることにあります。

今の時代、お客様が自由に店を選ぶわけだから、地域の人たちが自店をわざわざ選び出して、ある一定の目的や用途を満たしているということです。これが、商圏内におけるお客様支持率ということです。

圧倒的な占有化とは、商圏内で26％以上が取れること。

商圏内で、圧倒的支持率を受けられるような店をつくれるかどうかが経営戦略のバロメーターになってくる。

これが、本物の地域密着型、地域一番店なんですよ。

その見通しすら立たないうちに、多店化もチェーン化も次へは進めないはずなのに、安易に売上高へ逃げるのだ。

ただひたすら商品を詰め込みすぎるから、ただひたすら在庫処分に走る。

それが原因で売上げは上がるが、逆に利益を落としていく。

それならば、と利益を上げるために、今度は、ただひたすら儲かる商品ばかりを詰め込む。

すると、儲かるはずなのにキャッシュフローでヒイヒイ泣くことになる。

そこで店の精力剤の登場！

安易に、販促かチラシで一発頼みますわ……って、私に仕事が回ってくるわけだ。

そんな店の勝手なご都合主義が、お客様にとってはわけのわからない店として、不採算店へと変貌させていくことがほとんどです。

「一点集中」とは、
「一点突破」とは、
「一番主義」とは、
「地域密着」とは、
「地域一番店」とは、
ほとんどが間違って安易に認識されています。

目先は売り逃げられても、
長くは続きませんよ……。

商圏内で、得意一番商品の占有化ができる状態をつくることが地域密着であり、地域一番店をつくるということ。

>>> 地域一番店を間違って解釈されては困る

◎アンチ全国チェーンの客層とは？

全国チェーンが求めているお客様と、われわれのような中小店に来てくれる客層はまったく違う。まず、お客さんを分類すると四つのカテゴリに分けられる（29ページ図参照）。流行に左右される人とされない人、価値にあまりこだわらない人とこだわる人といったマトリクスだ。

ここで、流行に左右され、価値にあまりこだわらない人が約10％。一般的に言うと、「ミーハー」という類いの人。次に、流行に左右されて価値にこだわる人がだいたい20％程度。これは、「オタク」のような人のこと。さらに、流行に左右されず価値にもあまりこだわらない人が30％。この層を相手にしているのが、大手の全国チェーンと言えるだろう。

そして、流行には左右されないが価値にこだわる人が約40％。地域密着型の店舗にとっては、この40％が市場となる。

この客層にはある特徴がある。最初は文句やクレームも多く、価格についても何かと注文が多くてなかなか手強いのだが、一度信頼を得ると上客になってくれる。あとは細かいことを言わず、絶対の信頼を寄せて継続して来店してくれるお客様だ。

◎地域に根ざした店とは

全国チェーンでは、うるさくない無難な客を抱える傾向がある。流行にも左右されず、価値もそれほど関係ないため、それなりに安くて便利で品揃えがあれば買ってくれる。全国展開の飲食店も同じレベルだ。

ところが、地元のラーメン店には本格的においしい店がある。ファンになれば、お客様はわざわざ時間とお金をかけて食べに行く。そこには、全国チェーンとはまったく違ったこだわりがある。地域に根ざした店は、ひとりのお客さんが一生を通して、何回来てくれるかにかかっている。

その商圏内で、そこに住む人たちとの一生をかけてのおつき合いだから、一度たりとも嘘をついたり、信頼を失うことは許されない。だから、お客様とは本音でつき合うことが大切なのだ。

◎人と商品をつなげるのが地域一番店の役割

■大手と中小の客層はここが違う

流行＼価値	あまりこだわらない	こだわる	計
左右される	10%	20%	30%
左右されない	30%	40%	70%
計	40%	60%	100%

大手チェーンが狙っている客層（あまりこだわらない・左右されない 30%）

地域に根ざした中小店・中小チェーン・ローカルチェーンが狙う客層（こだわる・左右されない 40%）

では、地域密着型の店が勝ち残るためにはどのような戦略が必要なのだろうか。地域密着型の中小店は、すでに40％の市場があるわけだから、そこで市場シェアを取らなくてはならない。地域一番店になるためには、40％のうちの半分以上のシェアを取る必要があるのだ。

今後、大手チェーンは、それぞれの業界で上位1社か2社しか残らないと言われている。つまり、品揃えの豊富さと安さ感だけが勝負なので、1～2社しか残らないのである。われわれ中小企業は、40％のマーケットでしっかりと商品をとおして、価値を求めるお客様とつながっていくことが商売のポイントとなるのだ。

天才でなければ、一点集中しないと勝てないよ！

気づいている人が少ないから……。
気の多い人が多いから……。
世の中には天才から学ぶ人が多いから……。
普通の人が天才から学んでも、天才にはなれません。

しかし、いくらぐうたらな人でも、元不良少年でも、アホな人でも、晩熟な人でも、普通の人でも、「一点集中」を体得すると、変人には生まれ変わります。

「一点集中」にせよ「一点突破」にせよ……それは何か？

そんなことはだれだってわかっている、読んで字の如し。

だから、甘く考えるのでしょうね。

すべての人間、どんな会社でも、資本、時間、能力、技術において限界を持っているんです。

だから、その持っている力を分散してはいけないんですよ。

あれもやりたいこれもやりたいと思って、片っ端から手をつけるのもけっこうだが。

「俺はみんなとは違う」とか、
「俺にはできるはずだ」とか、
「俺も絶対に成功するはずだ」と思い込んで、念じて、祈願して、祈祷して……。

たしかに、何万分の1で成功する天才的な人もいるんですよ。

しかし、それも何万分の1の話だから、残りの99．9％の経営者はドボ～ン……。

だから、天才じゃない人は限界を知ったうえで、

限界内で最大の効果を上げるために、最も自信のあるテーマに絞って、それだけを完全に実現するという商売の基本が
「一点集中」であり、
「一点突破」であり、
商売の原理原則なんです。

得意なところをドンドン伸ばすことが重要なのだが、だからと言って得意なところへ逃げちゃダメなんだ！

得意分野をさらに伸ばすためには、あなたが最も苦手として逃げ回ってきたことがあるはずだ。

もしかすると、それが最重要課題で影響力が大きなことじゃなかったのかい。

その一点だけでいいから、徹底的に勉強して実践する。

これまでやってこなかったことにチャレンジするわけよ。

それが、「進化ではなく深化する」ということだ。

現状を否定して得意に逃げず、得意を伸ばすために深化させること。

したがって、多角経営なんてとんでもない!!

間違った変化をするから失敗する。

新しいことをはじめないと……ってあせるから、悩んで考え込んでしまう。

自分を変えたりしない。
自分は変わらない。
自分を変えずに自分を知り、
自社を知って深化させる。

そして、やり方を変えるだけ。

自分を、天才だとか神様だとか思い上がるのもけっこうだが……多角経営なんていうのは、店が１００店舗を超えてからやってくれ！

「ひとつうまくいったら、なぜそれを増やさないのか！」

大部分の普通の人はいろいろやってみたいらしい。

しかし、ほとんどの人たちは決して成功はしていない。

なぜ、多角経営へ走りたがるのだろうか？

地方では、いろいろな商売をしなければ売上げが上がらないと言う……。

それなら、なぜ最初の自社自店のよい部分をさらに深化させ、多店化することを考えないのか……。

結局は、競争のないところで井の中の蛙を続けたいだけなのだろう。

それと、「戦わずして勝つ」の意味は違うぞ。

だから経営は、「一点集中」、「一点突破」を貫かなければ商売本来の貢献もできず、それこそ井の中の蛙で終わってしまうのだ。

だから、たいしたこともない全国規模のショッピングセンターが町に進出してきたぐらいで大騒ぎになるんだよ。

自信のある一点に絞って、徹底的に勉強して実践する。それが、「深化」するということ

>>> 天才でなければ、一点集中しないと勝てないよ！

◎100店舗以下の店舗展開なら一点集中で！

有名な大手企業のトップが書いた本を読んで、多くの人が勘違いしてしまうことは、大規模な店舗展開論があなたの店にも当てはまるのか？　ということだ。大企業と同じようにするのは問題がある。なぜなら、多くの企業経営者は凡才だ。ところが、大手企業の創業者やトップは天才的だが、大手企業は全体のわずか3％程度でしかない。残念ながら、残りの97％は中小企業なのである。だから、ただその真似をしても、失敗するのは目に見えていると言っていいだろう。

しかし、どんなレベルの人でもできることがある。それは、一点集中すること。ひとつのことを10年もやっていれば、ある程度のものにはなるはずだ。そうなってから、多店舗展開していけばいいのだ。

経営をするなら、リスク分散のためにいろいろな事業部を設けて、多角的な経営をしたいと考えるかもしれない。しかしそれは、あくまでひとつの経営で、大きな柱となるものができてからの話として考えたい。ひとつの柱すらできていないのに、多角経営をはじめようとすると、結局それが命取りになってしまう。

店舗展開をするのでも、１００種類で１００店舗を展開しようとするから失敗するのである。この場合、１００種類のパターンを覚えなくてはならないため、その労力たるやたいへんなものである。だから、まずはひとつのことで１００店舗をめざし、次の段階のことは１００店舗を超えてから考えるべきなのだ。

◎得意なところに逃げてはならない

一点集中するからと言って、自分が得意なところに逃げてはならない。たとえば、これまでずっと営業をやってきて経営者になった人の場合、当然、得意分野は営業ということになる。営業から入った経営者は、売るのが得意なため、最初の売上げは上がる。ところが気がついてみたら、マネジメントができずに潰れてしまうこともおおいにあり得る。と言うのも、営業が得意な人は意外にお金の管理がルーズなことが少なくないからである。しかし、これでは経営者としては失格だ。経営者たるもの、営業だけをしていたのでは会社は成り立っていかない。

つまり、いくら営業が得意だからと言って営業だけに集中していると、経営が行き詰まってくるわけである。中小企業の経営者として一点集中で経営していくためには、営業はもちろん、マネジメントも含めた経営管理の知識も必要なのだ。

「得意なところを伸ばせ」という言葉を勘違いして、本当に得意なことしかやらず、最も重要なところを人に任せてしまうことはあまりにも危険である。一点に集中すればするほど、苦手なこともきちんとこなさなくてはならない。最低、五つの柱を勉強しない限り、経営を続けていくことは無理と言っていいだろう。

◎五つの柱でしっかり支えろ

五つの柱とは、販売促進、マネジメント、商品構成、マーチャンダイジング、人材育成である。これらのどれかが欠けていると、会社は思うように動かなくなる。少なくとも社員数100人以下の会社の経営者なら、これら全部ができることが必要だろう。

また商売本来の貢献とは、シェアを増やすことである。そのためには、経営者は勉強をしなくてはならない。それなのに、売れなくなったから違う商品を扱うなどで簡単に商品を替えていくと、最初の企業理念を忘れ去ってしまうことにもなりかねない。

「何のために売るのか？」という、本来の理念を忘れてはならない。経営とは長期戦だ。停滞のときこそ、準備期間と気持を切り替え、作戦を練ってから実行、実践することである。

part 2

接客は エキサイティングに!

隣のコンビニでくじを引いた「オヤジ」

サトカメ（注1）本部の隣に、私が毎日のように通うコンビニがある。

そのコンビニで、700円分の商品を買ったら、くじが引けるというキャンペーンをやっていた。

先日、「私」が買った商品の合計は630円だった。

店の女の子は、いつも私が買いに来ているのを覚えていたらしく、笑顔でくじを引かせてくれた。

「えっ！　くじ引いていいの!?」

笑顔で「どうぞ～」

予想もしていなかったので、まさにサプライズ!!

私は、「ありがとう！」と言ってくじを引いた！

当たった！　当たった！　当たっちゃった！

ラッキーだ！　幸せだ！　マジうれしかった!!

100円のアロエヨーグルトが当たったぐらいではしゃいでいる「オヤジ」

期待もしていなかったので、そのサービスにそれこそ感動した！

そして、サトカメ本部に戻った私は、さらに自慢した！

サトカメ本部のアソシエイト（注2）に言い広めた！

クチコミの瞬間だ！

まさに、情緒的サービスを受けたお客の喜びを充分に味わった。

しかし、どこまであの女の子に権限の幅があるのだろうか？

多分、ベテランの女の子だったから、感覚でお客の顔を見てくじを引かせてくれたのだろうと思う。

それなら、600円買っても引かせてもらえたのかなあ？

590円だったらダメだったのかなあ？

それでは、明日のサービスはどうなるのだろうか!?

もう、気になって仕方がない……。

翌日、そのコンビニをのぞくと、昨日の女の子は休みだった。

新顔らしき男の子2人。

今日のお買い上げは、昨日より高い680円なり。

さあて、どういう対応をしてくれるのかなあ……。

あらっ？　やっぱりダメ？

もちろん、700円以下だからくじは引けず。

そして、ありがとうございました、だって。

くじを引かせろとは言わないが、せめて、あと20円でくじが引けますけど、どうしますか？　ぐらい聞けよ！　言えよ！

そうすれば、もう一品ぐらい買ったよ！

店には私しかいないんだから!!

いちいち、計算しながら買い物しなくちゃダメなのかい？

それくらい言ってくれよ！　コンビニさん！

しかしまあ、これがコンビニでは普通で当たり前なのだが、同じ店で昨日が昨日だっただけに、やたら対応が悪いように感じてしまうのがお客の怖いところだ。

要するに、

お客の期待値はドンドン変わる！

そして、ドンドン上がる！

この、お客の期待値のことを「市場」と言う。

お客の期待値が変わることを、市場が変化するとも言う。

昨日まではそれでよかったのに、あの女の子がよけいなことをしたから悪いのか?

それよりも問題は、サービスのバラツキがお客の期待を裏切っているのかもしれない。

ということは、昨日の女の子が、何を基準に私にくじを引かせたのかが一番の問題になる。

①お客の来店頻度なのか
②買った金額による許容範囲なのか

それなら、来店頻度の基準を決めてもいい。
買った金額による許容範囲の基準を決めてもいい。
あと少しで許容範囲に入るなら、さり気なくひと声かけてくれれば助かるよね。

その基準を決めて、みんなで徹底するだけなんだ

基準を緩めて許容範囲を広げ、お客の期待値に近づけることがサービスの技術向上だ

けどね。

だって、お客が感動して喜んだんだから。

お客は最高に喜んだ瞬間なのだから！

昨日の女の子のサービスは間違っていなかったのだと思うよ。

それよりも、基準から逸脱した者を罰するだけが管理ではない。

基準を緩めて許容範囲を広げ、お客の期待値に近づけることがサービスの技術向上だ。

このコンビニも、このサービスのバラツキが問題だったわけであって、サービスのばらつきを押さえるのが「マニュアル」というもの。

しかし、マニュアルは法律ではない。

あくまでも、自店の業務作業の統一手順書に過ぎない。

だから、マニュアルはサービスが変わるごとに、ちょこちょこ変わるってことだよね。

一歩間違えると、よけいなことをした女の子が叱られて、お客様優先が無視され、管理の名の下に社内ルールが重視されがちです。

そうやってお客を見失うから、お客が減るのです。

お客が減る理由を、「市場が変化した、市場が変わった、変化に対応しろ！」と言って、何かものすごいものが渦巻いているように言いやがる。

まあ単純に、お客減少の一番の問題は、大きな意味でのサービスのバラツキにあり、ってことだね。

（注1）サトーカメラの略

（注2）サトーカメラで働く社員、パート・アルバイト、派遣社員の総称

◎鰻登りの顧客の期待値にどう対応していくか?

今、接客がむずかしくなっているのは、サービスに対する顧客の期待値がどんどん上がってきているからである。しかもそれは、社会全体のサービスの向上にも対応している。たとえば、ディズニーランドに行った人は、あの、至れりつくせりのサービスを受けて感動するが、そこで期待値がぐんと高まる。

以後、他の店に行っても、ディズニーランドと同様のもてなしを期待するようになる。しかも、今や世の中には、他にも顧客の期待値の基準を高くしてしまうようなサービスがたくさんある。それでは、われわれ中小企業経営者は、どのようにお客様の期待に対応していけばいいのか。

◎めざす店舗数によって考え方は異なる

サービスとは、どんどん広がっていくものだ。しかし、同じ店舗でもスタッフ一人ひとりの対応が異なると、顧客の期待を裏切ることにもなりかねない。そこで、サービスを広げるための基準の徹底が必要になってくるわけである。

ここで、サービスについての一般論を考える前に、あなたがめざす店舗数を提示していただきたい。もし1000店舗をめざすのなら、サービスは必ず同じクオリティにしなくてはならない。コンビニのように、2000店舗、3000店舗展開が目標なら、出過ぎたサービスをした人は罰せられるはずだ。それは、サービスのばらつきをなくすために、最低レベルのクオリティーを保たなければならないからだ。

しかし、ここでもう一度、自分の会社や店舗について考えてみてほしい。あなたの店は、100店舗以上をめざしているのか？　もし100店舗以内なら、サービス内容の基準をもっと広げていくことが大切だ。それが、一般に言われる「質の向上」でもあるからだ。商品の質を上げていくのはもちろん、サービスの質を上げることが大切であり、それが、大手との差別化になっていく。

◎社員自身に考えさせよう

店内のサービスの質を向上させるためには、スタッフに任せられる「基準」と「権限」を設けることが大切だ。たとえば、「○○円までなら、くじを引いてもOK」というような箇単な基準をつくり、あとはスタッフの判断に任せればいいのである。

たとえば、超常連客の場合は、少しくらい金額が不足していてもくじを引かせる、あるいは10%以内ならＯＫにするなど、金額で決めるという方法もあるだろう。

たとえば、ルールでは１０００円だが、場合によっては常連さんで、９００円の買い物のことがある。そのような場合、どうすればいいのか？

常連客の場合は、特例として10%くらい足りなくてもＯＫと決めてある。そして、権限を与える。このようにして社員に権限を与えつつ、社員自身に考えることを学ばせるのである。

商売の楽しさとは、与えられた権限の範囲内でいろいろと創意工夫し、売上げを伸ばしたり、顧客にサービスをして喜んでもらうことだ。

たとえば、あと１００円買えば１０００円になるような場合、「こちらの商品はいかがですか？」などと、気をきかせて情報を提供するだけでも異なってくるものだ。お客様にしても、あと１００円でくじが引けるわけだし、いずれは購入する商品なら、今買っておこうと思って購入してくれる可能性が高くなる。何よりもお客様は、「親切な店員だな」と好感を抱くはずである。

ルールを守るために、商売をしているわけではない。だから最も大切なことは、「お客様に喜んでもらいたい」という思いが根底にあるかどうか、ということなのだ。

◎企業側に立ったマニュアル人間は考えなくなる

もし、ルールを「1000円以上でなくてはならない」などと厳格に決めた場合、社員はその数字にだけ反応するようになる。そして、お客様を見なくなってしまう。企業が決めた数値だけを守ろうとするからである。その結果、企業側からお客様を見るようになってしまう。

企業の論理で、規則を守らせるような教育ばかりをしていると、マニュアルに忠実なだけの「お客様の見えない人間」、つまり「考えない人間」になってしまう可能性がある。これは、非常に恐ろしいことだ。今、医療の現場でも、患者を見ないでコンピュータの画面だけを見て診断をする若い医者が問題になっているが、それと似たようなものだろう。

目の前のお客様のニーズを受け止めようとせず、お客様が喜ぶことを考えず、ひたすらマニュアルに忠実なだけの、お客様の見えない人間を生産してはならない。サービスとは、お客様のニーズに気づいてあげること。

そして、「お客様のストレスがたまらない」のが、最高のサービスと考えられる。だから、少なくともお客様には嫌な思いをさせないことが重要だ。お客様は、ちょっとした心遣いがうれしいのである。

クレーム0%はすばらしくない！

先日、夜の9時に話題のスーパー銭湯に立ち寄ったときのこと。

アカスリが好きなので、受付の子に予約したら、今からだと2時間待ちだと言う……。

今から2時間待ったら、夜の11時かよ⁉

それはないだろう……。

何とか、もっと早くできないのか⁉

そんなに風呂の中で待っていられるわけがないでしょうよ……。

私は、とにかくアカスリをしてもらいたいから来たんだよ！　って言った。

そうしたら、アカスリ担当者らしい人が受付の子と裏でヒソヒソ……。

「もしかしたら、30分待ちで大丈夫ですよ……」

「多分、前のお客さんはキャンセルらしく来ていないから……」

というヒソヒソ話が、私の耳にまで聞こえてきた。

そうしたら、その受付の子がアカスリ担当者に発した言葉が、「ハッキリしないのに受けたら、お客さんに怒られるよ！」というものだった。

たしかに間違いないね。

そうは言っても、とにかくアカスリをしてもらいたいから来たんだよ、オヤジは！

佐藤「いいよいいよ、ダメだったらダメでも。とにかく、その30分後で予約を入れてよ……頼むよ」

受付「もしご用意できなかったら、お客様に迷惑をかけることになるので……」

佐藤「いいよいいよ。ダメだったらダメで。とにかく、2時間後じゃあ待てないから。その30分後のキャンセル待ちでいいよ」

担当者「多分、大丈夫だと思いますよ……」

すると、受付の子がアカスリ担当者に向かってこう言った。

「あなたは責任負わないからいいのよ。私が責任者なんだから、お客さんによけいなことを言わないでよ……。お客さんに迷惑かけたらどうするの！」

佐藤「とにかく、ダメならダメでいいから。俺は、早くアカスリしてもらいたいのよ。いくら何でも、風呂の中で2時間は待てないから。30分後のキャンセル待ちでいいよ。頼むよ……」

結局はOK！　だった。

しかし、よけいなことをしてクレームにしたくないから、最初から断る受付の行動をどう考えるべきか。

お客様にご迷惑をおかけしないように、という配慮からだが……!?

お客様に迷惑をかけないために万全策をとる、って言ったって、2時間も待つ人なんてほとんどいないよ……。

全然、お客さんのことを考えていないよね。

お客である私は、無性にアカスリをしてもらいたがっていた。

そして最悪、キャンセル待ちがダメだったとしても、それでもいいって言っているのに……。

いったい、どこを見ているんだよ～！　場面を読んでよ！

お客がそこまで助け船を出しているんだぞ。

受付の店員は、売らなければ絶対に問題は起きないことをよく知っている。

お客を無視することで、クレーム0%の現場を実現する。

クレームが少ないから、当然会社は喜ぶ。

だからと言って、看板に書いてある「顧客満足度の高い店」っていうのはチョット違うよ。

クレームを受けない方法なんてカンタンだ。

それは、お客に商品を売らないこと！

売れば売るほどクレームはつきもの！

100%クレームなしなんて、100%あり得ない。

たった1%だって、100人に売れば1人のクレーム。

1000人に売れば、10人のクレームに増えるということだ！

10人にしか売らなければ、クレーム0人っていうことだ！

クレーム0%＝顧客満足ではない！

▼▼▼ クレーム0%はすばらしくない！

◎期待しているからこそクレームは出る

クレームには、あまりいいイメージはない。しかし、クレームがないというのは本当にすばらしいことなのだろうか？　「当社はクレームゼロです」と胸を張って答える経営者がいるが、そのような会社は、本当にすばらしい会社なのか？　私はそうは思わない。

クレームゼロなどあり得ない。もし本当にゼロならば、お客様が、その企業にそれ以上のことを期待してない証拠だ。たとえば、まったくサービスを期待しない店では、お客様がクレームを言うことはない。「このレベルの店なのだから仕方がない」と思って、次からは別の店に行くか、あるいは行ったとしても、必要なものだけを買ってさっさと帰ってくるだけだろう。

しかし、高級ホテルだったらどうだろう？　お客様は行き届いたサービスを期待しているから、従業員のちょっとした気の緩みが大きなクレームに発展する可能性がある。

このように、顧客の期待値が高ければ高いほどクレームは出るものであり、また企業はクレームによって教育されて質が向上していくのである。だから、進歩・発展を願っている企業にクレームゼロはあり得ないのだ。

一所懸命やればやるほど、必ずクレームは出てくる。お客様の数が多ければ多いほど、クレームが発生する可能性も増えるわけだ。

◎クレームゼロと顧客満足はまったく異なる

クレームゼロをめざす企業は、その目標達成のために躍起になる。もちろん、それは企業の論理としては正しいことだ。何か問題が起きたとき、仕組みを変えることはよくある。だから、ハードの部分でクレームゼロをめざすのはすばらしいこと、と言っていいだろう。

ところが、スタッフに対してクレームゼロを求めてはならない。クレームゼロにするためには、お客様に接しなければいい、という理屈になるからだ。それは、まるでペーパードライバーのようなものである。ペーパードライバーは、決して事故を起こすことはない。それは、運転をしないからだ。

だから、企業がシステム改善としてのクレームゼロを考えることは大切でも、スタッフに対してクレームゼロを求めると、サービスがおざなりになるということを忘れてはならない。ベストを追求するサービスには、必ずクレームが発生するものだ。ときには、お客様のことを考えてやり過ぎてしまうこともあるからだ。しかも、クレームゼロだからと言って、顧客満足度が高いというわけでもない。顧客満足度とは、顧客にとってのベストを追求することである。だから、クレームは当然出てくる。クレームに即座に対応し、お客様が求めているものを敏感に察知し、それに対応していくことが、本当の意味での顧客満足度を上げることになるのだ。お客様から学び続けていく以上、クレームゼロはあり得ないのである。

◎クレーム処理は、現場担当者が知恵を絞って行なうこと

クレームの対応でよく見られるのが、すぐに上司が出て行って謝ること。顧客も、すぐに「上を出せ」などと言うが、サトーカメラでは、絶対に上司が出て行くことはない。「冷たい」と言われようと、現場で起きたトラブルは、現場が責任を持って解決することにしている。

安易に上司が出て行って問題を解決していると、いつまでたっても店長が育たない。現場の当事者が知恵を絞って、真心を込めて対応することを求めるのである。

もちろん、店長の相談には乗るし、お客様が満足するような最良の方法を導き出すために店長とも話し合いを重ねている。そして、すべての権限を店長に委ねる。そして、自分で問題解決の糸口を考え、誠心誠意、真心を込めて対応できるようになると、仕事もおもしろくなっていく。こうすることで、スタッフもまた急成長していくのである。

セルフって最高ですか!?

ガソリンスタンド業界では、「うちは、他店よりも1円安い、2円安い!」などと騒いでいるが、そこまでわれわれはシビアか?

そんなにシビアなら、飯は残さず食べろよ!

そこまでシビアなら、トイレットペーパーは1回何センチまで?

そこまでシビアなら、歯磨きのときに水の出しっぱなしには注意してよ!

そこまでシビアなら、コンビニでジュースを買うなよ!

安いか? 高いか? と言ったら、同じ価値ならたしかに安いほうがいいに決まっている。

それは、私だけは騙されたくないという心理からだと思う。

なぜ、ガソリンスタンドはみんなして、こぞってセルフサービスなのよ!

天気のいい日なら、1、2回は珍しがって、面白がって体験してみるけど……。

はっきり言って、天候や時間帯によってはお客は大迷惑よ!!

寒さが身にしみるこの頃、セルフでやるのは、いちいち面倒くさいのよ……。

たしかにアメリカでは、セルフはお客のための最高のサービスなのよ。

それは、

アメリカでは土地が広大なため、社員教育も行き届かない。

サボる奴、仕事をしない奴、お客に無礼な奴……いろいろいる。

お客が、気を遣ってビクビクしながら店員にお願いしていたのでは、かえってお客が疲れるわけよ！

だから、お客が疲れないように、安心して自分でできる、お客のための最高のサービスがセルフサービスってわけなんだ。

お客が疲れない、お客のための最高のサービスとして浸透してきたんですよ。

しかし、われわれの店にそんな態度の悪い人いますか？

そんな無愛想な人雇っていますか？

あなた自身はそんなに無愛想ですか？

あなたがそんなに無愛想でなければ、そのあなたの店では最高の長所であるあなた自身の愛嬌あるサービスを存分に活かさなければ、商売上がったりになるはずだ！

つまり大手チェーンって、効率経営しか考えていないのよ。

「お客へのサービス＝1円安い」だけしか考えられないのよ。

大手の最大のメリットであるコストダウンが最高のサービスなのよ。

そんな大手と一緒になってセルフに走ったら、中小店は負けるのよ。

頼むから、あなたの愛嬌で気持ちよくガソリンを入れてよ！

窓を拭いてよ！

室内掃除してよ！

私は、寒くなってきたから車から出たくないんだよ！

ガソリン満タン入れたって50円ぐらいしか変わらないんだったら……自分でやるの面倒くさいから、ガソリン入れてよ！　頼むよ！　お願いだよ……。

セミナー帰りに、めっきり冷えた雨の夜に入ったガソリンスタンドが、なぜだかセルフだった……チクショウ!!

何で、どこもかしこもセルフなのよ……。

1リットルにつき、1円でも2円でも高く払うから、ガソリン入れてよ店員さん……。

その目の前の店員さんは、妙な笑顔で「いえっ、できません！　当店はセルフですから……」だって。

ねえ、店員さん。こっちは寒くて傘もないんだよ。目の前にいるんだから、ガソリン入れてちょうだいよ……。

ところが満面の笑顔で「いえっ、それはできません！　当店はセルフですので、お客さんがご自分で入れてください」だって……。

何なんだよ、ガソリンスタンド業界は！
それでも店か？　商売か？

オヤジには不便な世の中になってきた……。

やっぱり、ガソリンスタンドも中小店の出番だぜ！

気のきいた最高の窓拭き！
気のきいた最高の室内ゴミ掃除！
気のきいた給油代行サービス！
笑顔、笑顔、笑顔で元気のオンパレード。

商人なら、もっと便利と快適さを追求してよ！
50円、100円ぐらい多く払ったって、十分価値があるよ！

>>> セルフって最高ですか!?

◎状況によっては最悪のサービスになることも……

今ではごく当たり前になったセルフサービスだが、このシステムは戦後、アメリカから入ってきたものである。

アメリカの場合、日本とは異なり多民族国家であるためにセルフサービスが発達したのだろう。豊富な品揃えをして、システムどおりに商品を並べておけば、お客様は自分の好きなものを選ぶことができる。お客様は何のストレスも感じることなく買い物ができるため、セルフサービスというシステムは一気に広まった。

もちろん、セルフサービスの恩恵は大きい。ところが、よいことばかりではない。物がない時代はそれでよかったのかもしれないが、しだいに物が余るようになってくると、豊富な品揃えの中から、何を選んでいいのかわからなくなってくるからだ。

困ったことのひとつは、気がきかない店員が増えたことではないだろうか。たとえば大雨が降っていれば、客の立場からすると寒いし、車外に出るのは億劫なものだ。一方、店員はカッパを着て防寒までしているのだから、昔のようにガソリンを入れてくれてもいいじゃないかと思うわけである。

しかも、「お金をよけいに払うからガソリンを入れてよ」と頼んでみても、「申し訳ございません。セルフなので……」と言うだけである。なんて気がきかないのか。少しくらいの料金がかかってもいいから、きちんと窓も拭いてもらいたいしガソリンだって入れてもらいたいものだ。

昔は、こちらが何も言わなくても、ガソリンを入れたり灰皿を取り替えてくれたし、窓も拭いてくれた。

いったい、セルフって何だろうか。最初は最高のサービスということで、ストレスをためないためにやってきたのに、今回のように状況によっては最悪のサービスとなってしまうこともあるのだ。

◎日本式商売回帰への兆し

日本の小売業の世界では、もう50年も前からセルフの業態が増えている。スーパーマーケットやコンビニも、すべてセルフサービスである。しかし、これからの小売業の世界は、かつての日本で見られた商売のやり方を復元したらいいのではないかと思う。小売店の店主は顧客に向かって、「今日は、おいしい秋刀魚が入ったから、焼いて食べたらおいしいよ」とか「何食べるの、今日は？　肉料理だったら、この野菜を付け合わせにして料理するとおいしいよ」というように、お客様の顔を見てお勧めするのである。そして、顧客のニーズに気づいてサービスしてあげる。

欧米との相違点を考えると、欧米はサービス自体が有料であり、チップ制度が定着している。そのため、チップをはずむとたいていのサービスはしてくれる。ところが日本では、チップなどなくてもサービスをしていた。古くから、人と人とが対話をして、〝あ・うん〟の呼吸で自然にサービスをしてきたのである。

しかし今では、セルフサービスというシステムだけが広まってしまい、本来日本人が持っていた気遣いやサービスなどは、どこかに忘れ去られてしまった。大手は、常に便利さと快適さを追求している。

しかも、自店にとっての「快適で便利なこと」だから、あくまでも大手の論理である。はたしてこれでいいのだろうか？　いやしくも商人ならば、「お客様にとっての便利と快適さ」を追求する知恵と工夫も大切ではないだろうか？

「任せて任せず」

どんな商売だって、商品を通して、

お客さんの喜ぶ顔、
お客さんの笑顔、
お客さんの満足顔、
お客さんの驚く顔、

それが見たいから、商売をやってるんですよ。

とくに接客が必要なハード商品は、ダイナミックかつエキサイティングに、お客さんと接してくださいよ！

部下を管理するのではなく、ダイナミックかつエキサイティングにお客さんに接しているか、お客さんが喜んでいるか、をきちんとフォローしてくださいよ！

クレームにならないように部下を管理したってダメ・ダメ・ダメ……。

部下が接客していて、お客さんが困った顔をしていたり笑っていないようなら、あなたが割り込んでいいのよ！

それでは部下のためにならない？

何を言ってるの！

その前に、お客さんのためになっていないでしょう！

よく考えてよ！

また、そのたった1回の接客から、
お客さんが上得意客になるか、

上得意客になって、よいクチコミをしてくれるようになるか……？

一生来店してくださる超常連客になってもらえるか……？

顧客になるか……

あるいは、もう二度と来ないようになるか……。

さらには悪いクチコミを増やすか……。

そのたった1回のビジネスチャンスを、何でその新人君のつたない接客のためにお客さんを犠牲にするのか!?

もし新人君を育成したいのなら、

任せて任せるなよ！

きちんとフォローしろよ！

目の前で、あなたの実演を見せつけろ！

それがリアルＯＪＴだよね。

一流を見せてやれ！

一流の証明は、

与えられた今ある武器で、今ある商品で……。

お客さんの喜ぶツボは千差万別……。

お客さんの笑うツボは十人十色……。

お客さんの満足のツボは足ツボの数だけ……。

お客さんの驚くツボは夢の数だけ……。

存分に、お客さんの笑顔を引き出そうよ！

最後は、お客さんとの1対1の商いだ！

ダイナミックに、エキサイティングに!!

◎丸投げするな、フォローせよ！

社員の主体性を養うために、権限を与えたり仕事を任せることは大切だが、ときとして、すべてを丸投げして任せてしまってはいないだろうか。すべてを店長に任せただけで安心していてはならない。店長にはＯＪＴをしてもらい、しっかりと見ていることが大切だ。

とくに、部下が接客しているところはきちんと観察するべきである。よく、部下が接客している様子を、遠くから眺めて安心している店長がいる。しかし、これは間違いだ。部下がまだ入社１年目の新人だとしたら、店長はお客様の表情をよく観察してみることだ。不機嫌そうな顔をしていないか？　強ばった笑顔ではないか？　そこでお客様の気持ちを推察するのだ。

もし、少しでも異状を感じたら、何気なくそばに行ってみるべきだ。もしかしたら、新人がとんちんかんなことを言って、お客様をイライラさせているのかもしれない。

そのようなときは、ためらうことなくお客様と新人の間に入り込んでいくべきである。ここで多くの店長は、「そんなことをしたら、がんばっている新人がかわいそうだ。それでは新人が育たない」などと言う。そうではなく、そこに入り込んで、店長自身が目の前でお客様との接客を見せることがリアルＯＪＴなのである。

◎絶対にお客様が正しい、常にお客様から学ぶこと

現場から上がってきたクレームの対応には、敏速かつ慎重に対応しなくてはならない。まずは、原因の追究をする。次に状況の確認。こうして、何度も現場とやりとりをすることだ。

現場では、とかく感情が先立つものである。お客様に叱られた瞬間に逆上するスタッフもいる。まずは、そのような感情を鎮める。そして理由を聞けば、冷静になるにつれてお客様のクレームの原因もわかってくる。それがわかれば、あとは心から陳謝して善処すればいいのだ。

ここで私がいつも言っていることは、「絶対にお客様は正しい、お客様から学べ」ということである。どんなに理不尽に思われる要求を突きつけられても、そこには必ずや「真理」が隠されているものだ。それを必ず探ることである。

いくら感情的に激しく揺さぶられても、いくらこちらが正しいと思っても、まずは「お客様の言うことが正しい」と認めることが大切だ。そこから次の行動に移していくのである。

若手・30歳竹原店長の行動に学ぶ！

月刊誌『商業界』で「部下を育てる強い店をつくる最強店長のマネジメント術」でも執筆した、サトーカメラ宇都宮細谷店・竹原店長30歳からのエピソードが届いた！

【本文より】

先日、サトーカメラで写真をプリントした帰りの女性が、ふらっとデジカメコーナーを見ていたので接客しました。

声をかけるとお客様の第一声は、「昨日、家電量販店でデジカメを買ったばかりなんですよ～」

なぜ？　デジカメを購入したばかりのお客様がうちでデジカメを見ているのかな？　と思い、「どんな写真を撮るのに、どんなデジカメを買われたんですか？」と聞いてみた。

お客様「子供を撮るのに、このデジカメを買ったんですけど……（陳列されているデジカメを指差して）。これって、どうなんですか？」

と私に質問してきた。

そのお客様が言うには、家電量販店の店員さんがあれもいいこれもいい、どれもいいばかりで……どれがいいのか、私にはさっぱりわからず……仕方なく、デザインだけで決めてしまったらしい……。

そこで私、竹原は毎日カメラをいじり倒している過程で見つけた、心底ほれ込んだ機種の中からお客様にピッタリの、お子様を撮るのにイチ押しのデジカメがあったので我慢できずに、

竹原店長「お客様の状況でお子様を撮るなら、僕だったら絶対、このデジカメをお勧めしますよ！　なぜなら、中間色がきれいに出るコーティングがレン

ズに施されているので、子供さんの肌色がめちゃキレイに撮れます！」

もちろん、その場で試し撮りをしてもらって、写真もプリントして、昨日買ったデジカメとの画質の違いを生で体感していただいた！

さらに、「タイムラグと撮影間隔が短いから、僕のお勧めのデジカメなら、お子さんの一瞬の貴重なシーンを逃しませんよ！」と教えてあげた。

お客様にも、どんどんシャッターを切って体感していただいた！

毎日、カメラ販売に携わっている自分とお客様の状況と立場を考えて、お客様が購入したデジカメとの使用目的の違いを説明しました。

お客様は、すでに他店でデジカメを買ってしまっているからといって、適当に「お客様のデジカメはすばらしいカメラですね」とは、お世辞にも言えなかった……。

お客様の不安そうな顔を見ていたら、熱い気持ちが込み上げてきたんです！

さらに……

竹原店長「私は、カメラを買ってもらって終わりなんて、一切考えていません。カメラを買ってもらってからが、本当のおつき合いのはじまりだと本気で思っています。だから、サトカメはこんなにお得な９大特典までついちゃうんですよ！」

お客様「あ～。やっぱり、デジカメはサトカメさんで買えばよかった……デジカメを間違えて買うと、想い出の写真が残せなくなっちゃうんですね……。店長さんお勧めのデジカメがほしくなっちゃいましたよ！　私の買ったデジカメ、家電量販店さんに返品できるかなあ？」

竹原店長「それなら、このように言ってみてください！　『サトーカメラでデジカメを買うと、想い出をキレイに一生残せるし、特典もたくさんつくので、子供と家族のことを考えたら、どうしてもサトーカメラで買い直したい……。あなたの店では、きちんとカメラの撮り方や使い方まで、買ってからも5年10年と面倒見てくれますか？』って」

お客様「わかりました、じゃあ、ちょっと買った店に行ってきます！」

1時間後……。

お客様「家電量販店では、『そう言われても困ります！』って言われました。デジカメを返品させてもらったというより、あわてて『引き取らせていただきます』って感じでした！　本当に助かりました。ありがとうございます！　店長さんのお勧めのデジカメください！」

あれから3年、今でもそのお客様は、お子さんの写真をたくさんプリントしに来られています。

いまだに、あのとき私がお勧めしたデジカメを大切に使ってくれています。

【佐藤勝人談】

竹原店長の行動を、専門店ならではの、理念に基づいた使命感・責任感のある商売だと感じました。

みなさんにとっての使命って何ですか？
責任って何ですか？
理念って何ですか？

信じるか信じないかではなく、
自分のやること、自分がやっていることが
整理されていないだけなのだと思います。

私は、すばらしいアソシエイトの一人ひとりの、理念をとおした行動に「すごい！」と感動し、鳥肌が立つ思いです。

若手・竹原店長の行動に学ぶ！

◎小売業の役割とは

竹原店長がサトーカメラに入社して、すでに7〜8年が経過している。この間、ずっとサトーカメラの理念、「想い出をキレイに一生残す」ことをモットーに仕事をしてきている。お客様が感動するシーンに出会ったとき、キレイに写真を撮り、その貴重な想い出をキレイに残せない限り、企業の使命をはたせないことを細胞の隅々まで熟知しているからだ。

そこでお客様には、どのような場面を撮影したいのか、まずそれを聞いてみることにしている。子どもの成長を撮りたいのか、旅行先の思い出を残したいのか、写真コンクールに出品するような写真を撮影したいのか……。どのような目的で撮影したいのか、お客様によって、その目的は異なる。また今の時代、あらゆるメーカーから数多くのカメラが発売されているため、お客様ご自身でカメラを選ぶことは非常に困難と思われる。

そこで、お客様の状況や要望をお伺いし、それならこれがピッタリ、と選んであげることが、小売業、専門店の仕事となってくる。インターネットでもない、カタログ販売でもない。

現物を直接見て、そこで、表も裏も全部教えたうえで、十分に吟味して希望の商品を選んであげることが、小売店の役割であり責任であり喜びなのである。

◎小売店の役割はコンサルテーション

そこで竹原店長は、まずサトーカメラの強みを考えた。普通の量販店では、とにかく量を売ることが目的になっているところが少なくないため、お客様のニーズを聞いてあげるというより、むしろ「これが新製品ですよ」、「これが売れているんですよ」、「これが安いんですよ」といった、企業側に立った提案と売り方が一般的である。

お客様がスペックについて知りたくても、さらに自分のニーズに対応した商品かどうかが知りたくても、その店で売りたい商品でないなら、「それは、ご自分でお調べください」「インターネットで検索すればわかります」「カタログに書いてありますから、自分で比較して選んでください」という売り方になってしまう。

つまり、「当店は安いのだから、お客様のニーズに応えている時間はありません」というイメージがある。これでは、お客様は迷ってしまうばかりだ。あげくのはてには、見当違いな商品を購入して後悔することも少なくないのだ。

◎何十年後も想い出が残る喜び

サトーカメラでは、お客様が使いたいシチュエーションに合わせて、商品を選んであげることをモットーとしている。すべて、お客様の側に立って考えることが使命であり、それを徹底している。そのため、お客様からのお話をよく聞いたうえで、最適と思われるカメラをお勧めするのである。

そのような使命に基づいて接客をすると、お客様のほうでも安心し、納得して商品を購入することができる。そして、他店で購入した商品ですらわざわざ取り替えて、サトーカメラのファンになってくれることもあるのだ。ここで取り上げたお客様の場合、あれから3年。今でも当店においでいただき、「本当に助かっています！」と喜んでくださっている。

さて、サトーカメラでは、写真が撮影時と同じ感動を呼ぶほど美しく、しかも5年、10年、20年後もそのまま残り、お客様が「あのときの感動そのままです。サトーカメラでプリントして本当によかった」と喜んでくださることを、われわれの使命と感じている。

そこでサトーカメラでは、「想い出をキレイに一生残す」ためのカメラ選びはもちろん、とびきりきれいな写真、そしていかに美しく写真を撮るかというセミナーやスクールを開催して企業理念の実現をめざしている。儲かるか儲からないかは、そのあとの話だ。まずは理念ありき、なのだ。それに基づいて売り方を考えていくのが、われわれの商売なのである。

2日連続竹原店長の行動に学ぶ！

月刊誌『商業界』で、「部下を育てる強い店をつくる最強店長のマネジメント術」でも執筆した、サトーカメラ宇都宮細谷店・竹原店長30歳からのエピソードが、2日続いて届いた！

【本文より】

先日行なわれた、「孫といっしょ」フォトコンテスト応募受付期間に、こんなことがありました。

お客様に、仕上がりの写真を確認していただいていると、おじいちゃんとお孫さんの表情がすばらしくキレイに撮れている写真があったので、こう声をかけました。

竹原店長「本当に、キレイに撮れましたね～。おじいちゃんが、どれだけお孫さんのことが好きなのか、この写真1枚によく出ていますよ！　この写真は、お客様が撮影されたのですか？」

お客様「はい！（ニッコリ笑顔で）」

竹原店長「お上手ですね！　どんなに凄腕のプロのカメラマンでも、子供さんのかわいい表情の一瞬を写真に残すなら、いつも一緒にいるママにはかなわないって、僕は思っているんですよ！　いや～、本当によく撮れていますね」

お客様「本当ですか！　うれしいですね！（みるみる笑顔に……）実は、今日仕事で嫌なことがあったのですが、今のひと言でどうでもよくなっちゃった。救われました！　ありがとうございます!!」

と言って、フォトコンテストにもご応募いただくことができました。

自分にとって、当たり前に思ったことを口にしたら、写真をとおしてこんなに人を喜ばせることができるなんて、本当にすばらしい仕事だなって、自分自身もテンションが上がりました！

【佐藤勝人談】

どんな商売でも同じですね！
相手の長所を見つけ出す！
そして認める！
部下育成にも言えますすね。

竹原店長の接客態度の根底には、お客様やアソシエイトを尊敬できる力があります。

それは、自分と関わった相手について、瞬時に長所を見つけ出せるから相手を尊敬でき、フレンドリーな中にも礼儀正しさを持って本音で接することができるのです。

写真を撮る行為も同じです。

被写体の長所を一瞬で見抜き、ファインダーをとおして最大限にその長所を引き出して撮るのです。

普通の人は、自分が関わった相手に対して、瞬時に欠点と短所を見つけ出します。

そのため、相手を尊敬することができず、とりあえず表面上の礼儀正しさに走るか、無関心を装うのです。

だから、お客様やアソシエイトや仲間を尊敬できる力を身につけるのが一番なのです。

そのためには、相手の長所を見つけ出して素直に認めることですよね。

その前に、まずは自分自身の長所を知ることですよね。

◎長所を見つける接客は〝宝の山〟

どういうわけか、人間は相手の長所よりも短所のほうが見えやすいものだ。自分も含めて、人の長所を見つけることは、簡単なようでいてむずかしいものである。通常、「長所を見つける」という勉強をしていないと、なかなか人の短所しか見えないからだ。実は、当店でも開店当初の頃の客層は、かなりむずかしいお客様ばかりだった。大きな店で門前払いにされた人や出入り禁止にされた人、他店でまったく相手にされない人など、ひと癖も二癖もあった。こちらの気持ちとしては、早々にお引取りいただきたいというのがホンネだったが、せっかく来てくださったお客様だから、それなりの対応をしなくてはならない。

アソシエイトたちは、そんなお客様でも親切・丁寧に接客をしていた。最初は、もちろん私も嫌々だった。しかし、嫌だと思っていても仕方がないと気を取り直し、どうしたら接客が楽しくなるかを考えた。そこで、どのような人にも、必ずいいところがあるのだから、せめて長所を発見してやろうと考えた。

◎お客様の話を聞くことが大切

そうこうするうちに、あるお客様が心を開いてくれるようになった。そして、「実は、オレはどこに行っても嫌われるんだよ」とぼやいたりするようになった。私はその話を聞きながら、その商品知識が豊富なことに驚かされた。そこで、「お客さんは、商品を見る目があるから煙たがられるのかもしれませんよ。もしよろしければ、私に教えてください」と、思い切ってお願いしてみた。すると、そのお客様はたいへん喜んで、いろいろと教えてくれるようになった。私のほうも、無料で勉強させてもらえるというメリットができたわけである。「また、明日も来てくださいよ」とお願いすると、お客様も笑顔で対応されるようになってきた。他店では嫌われていたのに、サトーカメラではまるで教師のような待遇を受け、話を聞いてくれるので喜んで来てくれるようになったのである。

さて、ここでも竹原店長が、一瞬にしてお客様の写真の長所を見抜いた話を書いている。写真がキレイに撮れていれば、「キレイに撮れていますね！」とまずは認める。そして、大きく引き伸ばしたらいいだろうな、とお話しをしていくうちにフォトコンテスト出品にまで導いてしまったわけである。ふだんから、長所を見る訓練をしていたからこその行動と言っていいだろう。

成長の扉を開くには！

技量が未熟な人ほど、人の話を聞かないことがよくわかった。

技量が未熟であればあるほど、自分のことだけしか考えられない。

私の10代、20代、30代は、どんな場面においても、一番できそうな人や人生経験豊かな大人の側にいて、話を聞いてばかりいた。

それは、本を読むのが苦手であり、それよりリアルな話を聞くのが大好きだったからだ。

その人の人生観やら価値観、人となりや経験を聞くのが好きだった。

18年来の上得意様であり、当時私が24歳で相手は56歳の頃からのお客様がいます。

もちろん、当初から肩書きなんか知らず、大切なお客様の1人としておつき合いさせていただいていました。

その方が、栃木県の弁護士会の会長まで務めた方であることを知ったのは、知り合ってから10年後ぐらいのことだった。

その、現在74歳のお客さんに言われて気づかされた。

「佐藤さんは接客が上手だ！　いつも気持ちがいい！」と言う。

「なぜだかわかるか？　君は相手にしゃべらせるのがうまい。だから、気持ちよくどんどん私がしゃべっちゃうんよ！」って教えてくれた。

相手に気持ちよくしゃべらせるのが上手だ！　って言われて、それが接客の極意であることを知った。

だから、未熟な君も人の話を聞けとは言わないが、今の自分にできる仕事を見つけること!!

最初は何にもできないのが普通だ！

それでも、自分にできる仕事はないか？ それを探すのだ！

後片づけでもいい、掃除でもいい、お茶汲みでもいい、元気なあいさつでもいい。

何でもいいから、その場その場所で「自分のできる仕事を発見する」こと。

この「発見する力」が、社会人になってからの差になる。

基本的に、若いうちは自分のことしか考えられないのが普通だ。

しかし、自分の好きなことばかりをやっている人はまわりが見えず、まわりから取り残されていることに気づくことができないからかわいそうだ。

与えてあげないと何もできない。

かわいがられないと聞く耳を持たないのはよくわかる。

しかし、社会に出たら君たちだけじゃないのよ！

老若男女千差万別、人はうじゃうじゃいるのよ。

だから、まずは自分のことしか考えられなくてもいいから、「発見する力」を身につけて「自己確立」へ向かえ！

君が今できる仕事をこなしていくうちに、期待される仕事がやって来る。

そのときが、成長の扉が開いたということなんだ。

まずは、自分ができることを発見して、率先してやれ！

それが成長の極意だ！

◎話を聞く耳を持つことが成功の扉を開く

「佐藤さんは接客が上手だよね」という誉め言葉を聞くことがある。そこで、「どういうところがですか？」と聞いてみると、「人にしゃべらせるのがうまいんだよなあ」などと言う。「だから、ついついしゃべっちゃうんだよ」、「気持ちよくなっちゃうんだよ」ということだった。そこで、接客はもちろんのこと、すべての人間関係において、自分自身の成長の扉を開くための鍵が「人の話をよく聞くこと」ではないかと、改めて考えた。

とくに接客時においては、お客様の話を聞くことが大切だが、たまに、しゃべりすぎて失敗することがある。自分が知っている知識を相手に伝えたいと思うあまり、相手が求めているのかどうかを確認しないまま、一方的に自分の知識を伝えてしまうからだ。あるいは、お客様から質問されるのが怖くて、とにかく話し続けてしまう場合もあるだろう。

いずれにしても、そのような接客態度では、お客様は商品を買ってくれることはないし、人間関係においてもよい結果を生み出すことはない。

◎青年よ、主張する前に話を聞いて行動せよ！

最近の若者がよく口走るセリフが、「私の話を聞いてくれない」というものだ。ところが私が言いたいのは、「その発言の前に、君たち、まず人の話をよく聞きなさい！」ということだ。

なぜ、若い人や未熟な人は人の話が聞けないのだろうか？　それは、若くて未熟なために、自分のことを主張するのがせいいっぱいで、人の話を受け入れる度量も理解力もないからだ。また今の若い人たちは、「自己主張することは美徳」という教育を受けてきたため、自分を主張することばかり考えているのかもしれない。ところが、その前にやるべきことはたくさんあるはずだ。

まずは、人の話をよく聞くこと。そして、つべこべ言わずに、言われたことをきちんとやること。そして、目の前のことを一所懸命にこなしていけば、先輩はそのような後輩の姿を見て「こいつは使える」と判断し、自発的に教えてくれるようになる。大人は見抜く力を持っている。だから、自己主張ばかりして行動を起こさない人に対しては教育をしようとは思わない。仕事を与えようと思っても、能書きばかりで簡単な仕事ひとつできないようでは、仕事も頼みたくなくなる。ところが、きちんと言われたことをやってくれる人なら、また仕事を頼みたくなるものだし、何かを教えてあげようという気持ちにもなるのだ。

part 3

お客様をワクワクさせる販促

「なっち」とぶどうパン！

わが家の中学3年の娘「なっち」が、友達のパン屋さんのぶどうパンが売れていると言う。

とてもおいしいと言う。

早速、そのぶどうパンを買ってきてもらった。

「たかが、ぶどうパン」と思いながら、そのぶどうパンを何気なく食べてみた。

子供の頃から、みなさんもぶどうパンを食べてきたことと思うが、そのぶどうパンを食べた感想は……。

いつも心の中で、おいしいぶどうパンだけど……

ぶどうが少ない……。

ぶどうがもっと多ければおいしいだろうな……と感じていた。

多分、みなさんだって同じように感じていたはずだ。

しかし、その「なっち」が薦めるぶどうパンは、

ウオー！　オー！　オー！

ウッ、うまい！　おいしいーーー！

〝夢のぶどうパン〟に吠える「オ・ヤ・ジ」

ぶどうの量が、半端じゃなく多いのだ。

すごくうれしい。

すごく満足。

こんなにぶどうが多くて商売は大丈夫か？　と、素人考えをしてしまうほどのぶどうの量に大満足だ

った。

もちろん、冷静に見れば何でもない。特別にパンがおいしいわけでもない。

ただ単に、ぶどうの量が多いだけだ。

しかし、すごくおいしくて大満足なんだよね。

それを、経営的に推測して考えてみると……。

たとえば、普通のぶどうパン1日の販売量を100個とすると、

販売額	100円	10000円
原材料	20円	2000円
粗利	80円	8000円
粗利率		80%

①普通のぶどうパンと販売量が同じ場合

原材料が上がれば粗利率は下がるが、粗利額で粗利を確保。よって、販売価格を10%上げる方法がある。

販売額	110円	11000円
原材料	30円	3000円
粗利	80円	8000円
粗利率		72%

②ほとんどが理想とする例

原材料が150%上がれば、それに合わせて粗利率もそのまま。

ということは、販売価格をそのまま150%上げる。

そして、商品さえよければ必ず売れると言うが、それはあくまでも理想であって、現実には販売量は10~20%はダウンする。

販売額	150円	15000円
原材料	30円	3000円

粗利	120円	12000円
粗利率		80%

③販売価格を据え置きにした場合

粗利率は下がるが、販売量を115%アップさせて粗利を確保する場合もある。

		最低販売量115個
販売額	100円	11500円
原材料	30円	3450円
粗利	70円	8050円
粗利率		70%

そのパン屋さんの場合は、看板商品をつくるために、だれでも毎日でも食べられるぶどうパンにして価格をあえて据え置いた結果……。

		販売量200個
販売額	100円	20000円
原材料	30円	6000円
粗利	70円	14000円
粗利率		70%

売上高は2倍増、粗利率は10%ダウン。
しかし、粗利額で175%増と成功した。

看板商品のつくり方！

①狙った商品は、だれでも知っていて毎日でも食べられる商品

②今まで売れていた商品。また、自店で最も販売個数の多い人気商品だった

③みんな知っていたが、だれも言えなかった〝心の声〟を商品化した

④ぶどうを増やした分、販売価格を上げてもよかったが、それでは販売量は伸びなくなると想定した。
また、1・5倍販売価格が高いぶどうパンを売って広めるための方法がわからなかった。
さらに、それでは看板商品にはできないのではな

いか、という不安もあった。

⑤あえて価格を据置にしたことで、今まで普通にぶどうパンを買っていた100人がいつものように買った。

その結果、思わぬぶどうの量で感動が生まれ、一気にクチコミで広がった

今でも、その店の看板商品としてさらに広まり売れている。

それでも数ヶ月後、数年後には、すぐに競合店が真似してくるだろうね……。

そこからが私の出番なんです。

朝からぶどうパンを食べながら、「ウオォォー」と、感動している「オヤジ」は、中学3年の娘「なっち」に経営指導をしている……。

その「なっち」は、さらに友達のパン屋さんに教えて……。

変な親子……。

＞＞＞「なっち」とブドウパン

◎クチコミの強み

ここで紹介した店の繁盛の秘訣だが、まずひとつは、価格は据え置きなのに、ブドウがたくさん入ったパンを売ったこと。つまり、価格は同じなのにブドウの量が多いパンを買ったことでお客様が感動し、それがクチコミとなって広がった。

このパン屋の場合、価格を1・5倍ほど高く売ることはできただろう。ところが、あえてそれをせず、クチコミを広めていったことが勝因となった。

このような商品をスター商品、看板商品と言う。これは、お客様が熟知している商品に限られてくる。「○○のブドウパンはおいしいよね」、「○○のシュークリームは最高」といった具合に、クチコミで広がっていく。

ここで、どうやって看板商品をつくったらいいかわからないという質問も多いので、それについて考えてみると、一番売れ個数が多い商品（＝客数の多い商品）が看板商品となる。この看板商品を伸ばすと、クチコミで広がっていくことになる。もともと売れ個数が多いわけだから、クチコミ効果も期待できる。

さて、クチコミは最も大切な販促手法だが、商品の種類によって、その効果は異なってくる。仮に、3年に一度しか売れないものをつくっても、なかなかクチコミで広まっていくことはない。

ところが毎日使っているものなら、人の口に上りやすくなるため、クチコミで爆発的に売れることもある。つまり、自店でクチコミ商品をつくろうと思うなら、すでに今まで売れていた商品、自店でも一番売れ個数の多い商品が狙い目となる。だれでも知っていて毎日でも食べられる（使われる）商品、そして当たり前のように生活の中にある商品ということである。

サトーカメラの写真の美しさも、実はクチコミの効果が大きい。もちろん、徹底して宣伝もしている。「サトーカメラの写真はフジカラー写真品質コンテスト10年連続最優秀賞受賞」と。

◎少しぐらい高くても問題ではない

サトーカメラの写真はLワイドサイズ1枚39円である。1枚10円のプリントと比較するとかなり高いのだが、栃木県内の市場では約27%のシェアを取っている。

なぜ、こんなに人気があるのかと言うと、われわれが宣伝しているように間違いなく「美しい仕上がり」だからである。一度、写真を注文すると、みなさんそのできばえに驚かれる。それまでみなさんは、写真店でプリントする写真はどれも同じと思っていたと言う。他店の写真では、自分が感動したときのイメージに仕上がっていないためがっかりするからだ。もう少しきれいに撮ったつもりが、プロのように上手ではないため、仕方がないと諦めていたのだ。

ところが、サトーカメラの写真の仕上がりを見たら驚くわけである。でき上がりがまったく違うからだ。あの日の、あの瞬間の感動が蘇ってくる。自分が感動した景色がそのまま再現されているとわかると、本当にうれしくなるのだ。そして、自分の腕が悪かったわけではなく、写真の仕上がりが悪かったのだと気づく。

きちんと撮影していたのに、焼く人によって美しさが損なわれてしまうことに気がつく。こうなると、39円の写真代は少しも高いとは思わない。たとえ他店で10円でも、キレイに一生残るようにきちんと仕上げていなければ、二度とその店に行くことはないだろう。それより、たとえ39円でも、絶対にサトーカメラに来るはずだ。そして、その仕上がりの美しさやみごとさがクチコミになっていくのである。

◎権威づけも大切

クチコミで広めていくに当たって大切なことは、一種の権威づけではないだろうか。たとえばサトーカメラの場合、品質も優れていて、10年間連続写真品質コンテストで最優秀賞を取っている。これも看板になる。このような「肩書き」は、クチコミをつくる場合、最も効果的である。

たとえばみなさんも、観光地などでお土産に饅頭などを買う場合、どれを買おうかと迷うはずだ。

そのとき、「○○賞に輝いた」などと書いてあると、「それならおいしいんだろう」と安心するし、「○○賞に輝いたというのはどんな味かな」と興味も湧くはずだ。

本を買う場合も同様だ。○○賞を取ったとか○○氏推薦などと書いてあれば、無名な人の本でも読んでみようかと思う。だから、クチコミをつくる際に大切にしたいことは、クチコミしやすい権威づけも重要ということである。

一所懸命働くから自分の役割に出会えるのだ！

働くということは、自分の役割を発見し、それに徹するということ。

自分の役割に気づくこと。
自分の役割を見つけ出すこと。

そのために、いろいろな人との出会い、他人の経験が学べる読書、自分自身の経験という時間もかかる。

少しでも早く自分の役割に出会いたければ、一所懸命働くこと。そうすれば、より早く自分の役割に出会うことができます！

自分の役割に出会うことができれば、それはそれは毎日がエキサイティングで、「元気・ハツラツ・楽しく・面白い」人生のはじまりなのです。

だから、人の2倍働けば、2分の1の時間で自分の役割に出会えちゃうんですよ。

それならば、3倍働いたらどうだい！
3分の1の時間で自分の役割に出会えるんです。

1日でも早く自分の役割に気づき、見つけ出せば、必ず楽しい人生に出会えるのです。
自分の人生の大半を自分の役割に邁進できるんです！

自分の役割に邁進することができれば、「元気・ハツラツ・楽しく・面白い」人生を送ることができるんです。

だからみんな、自分の役割に早く気づきたくて一所懸命働くのよ！

結局、人間は働くことでしか、自分の役割に気づき、出会うことができないんですよ。

そして、働くことによってのみ、自分の人生の役割をはたすことができるんですね。

20代では、他人の知識や技術に学ばせてもらって、ただもらい続けるだけでいいでしょう。

しかし30代になったら、もらい続けるだけではダメ。

もらった分だけ相手に与えること。

40代になったら、与えて、与えて、与え続けること。

与え続けることが学ぶことになる。

何度も言うが、「教えることが、教えられること!」

ああなりたい、こうなりたいと、自分にないモノばかりを求めて彷徨ったところで、どうなるものでもない。

いくつになっても、もらって、もらって、もらってばかりいる人は、永遠に自分の役割に気づくことができない。

それでは、いくつになっても自分の役割は見つからない。

あわてないで毎日毎日一所懸命働いて、早く自分の役割に気づいて、自分の役割に邁進しようじゃないか!

◎〝天職〟を知るには、人の3倍働くこと

今の世の中には、「自分の好きなことを仕事にしよう」という風潮がある。そこで、「どうしたら天職を見つけられますか？」という質問を受けることがある。しかし、天職は見つけるものではない。人の3倍働いていれば、自然に出会うものなのだ。

これだけ働けば、知らないうちに力がついてくるはずだ。働くことで、自分の役割に出会うことができるのである。つまり、自分の役割や天職を見つけるためには、とにかく一所懸命働くことである。

とは言え、私だって最初から人の3倍働いたわけではない。23〜24才の頃は、遊びたい盛りだった。そのようなとき、実家のカメラ店を大型専門店に業態を変えた。仕事はきつく、朝から晩まで働きづめ。自分の人生、もしかしたら間違えたのではないかと思い悩んだこともあった。

お客様からは悪態をつかれ、アソシエイトも今のように人には恵まれていなかった。すべ

てが辛く、厳しく、ともすれば挫けそうになることもあったが、そこで自分なりに仕事の中で、「どのような人生を送ったらいいのだろうか？」と考え抜いた。

その結果出てきた言葉が「元気！　ハツラツ！　楽しく！　面白く！」だった。そして、そのような人生を送るには、自分の周囲に起こるすべてのことを自分自身の問題として考えて自分を成長させていくことだと気づいた。

次に、そうなるためにはどうしたらいいのかを考えた。それは、「自立した人間」になることだと気づいた。つまり、自立した人間は元気で、ハツラツとして、楽しくて、面白い毎日が送れると思ったのだ。それでは、自立した人になるためにはどうしたらいいかと言うと、とにかく人一倍働くことなのである。

◎まずは、一番になってから考えよう！

次に、自分が選んだ道でまずは一番になろうと考えた。この道で日本一になってみたいと考えた。どのような道でも、一番になるのはたいへんだが、一番になれば潰しもきく。そして、仕事に邁進するうちに気づいたことは、「自分の天職は何？」などと考えず、ただただ一所懸命働くこと。そして、ひとつの道で一流になれば、他の道も開けていく、ということだった。

たった1枚のプライスカードから学ぶ!

2月のロックタウン佐野店の開店準備で、大門弘孝・新米店長が書いた、たった1枚のプライスカードが、まだまだお客様の立場になって書かれていないことに気づく!

たとえば、デジカメのプライスカードの品名がいつの間にか、「ソニーDSC－T10」という表示になっていた。

甘いぞ、大門店長!!

俺は、そんなことを教えたことはないぞ!!

佐藤「お客様は、そんな品番なんかどうだっていいんだよ!」

佐藤「そのソニーDSC－T10という商品を、お客様も君たちも、普通何と呼んでいる!」

大門店長「普通は、ソニーのサイバーショットT10って言ってますね」

佐藤「ならば、なぜみんなが知っている愛称で書かないんだ!!」

お客様の立場に立ったら、わかりやすいプライスカードの品名表示は「ソニーDSC－T10」ではなく、「ソニーサイバーショットT10」だろう!!

何なんだよ、ソニーDSCって!

いつの間にかお客様の目線を忘れて、そんなメーカーの品番でプライスカードを書くなんて、商品の見方が管理型になってきているぞ!

注意しろ!

さらに、記録メディアがお客様の用途別に陳列されていない!!

自分たちが管理しやすいように、メーカー別に陳列されているだけだ!

陳列したときのパッケージの見栄えがいいから、自然にメーカー別に陳列してある!

なぜ、黙っていると商品陳列まで見栄えだけに走ってしまうのか?

なぜ、用途別に考えて、さらなる買いやすさの追求をしないのだ!

油断していると、店はメーカーの考える管理主導に走ってしまう!

また、お客様にとっての店の存在意義は、現物に触ってたしかめられるところではないか!

バカな店は下手をすると、

商品に触るな!

これは売り物だ!

なんて言いやがる。

これは高い商品だから触るなと言う!

高い商品だからこそ、触ってたしかめたいのが普通のお客様だろう!

滅多に買わない高い商品だからこそ、試し撮りして品質を確認したいのが普通だろう!

触れない、見られない、体感できないのであれば、店の存在意義などない。

実体験できるから店は楽しいのだ。

プリンターも、すべて電源を入れてお試しプリントできるようにしておけ!!

店なんだから!

ケチらないでもっと触らせてくれ！
もっといじらせてくれ！
もっと体感させてくれ！
もっと遊ばせてくれ！

それがエキサイティングな店づくりのコツだよ！

「いじくり回された商品はどうするんだ？」って聞こえて来そうなので……。

サトカメの場合は、そんな商品だけを集めて年に数回、処分市をしたり、全店から集めてアウトレット市をしています。

また、展示処分品だけを集めて日替わり目玉商品に入れたり、インターネットで売ったり、近所の学校等に寄付しています。

最後の最後まで、商品をとおしてお客様をもっともっとエキサイティングにしようじゃないか！

頼むぜ!!　大門弘孝　新米店長！

お客様にとって、エキサイティングな店をつくろう！

◎エキサイティングな店づくり

店に入ったときの第一印象は大切である。たとえば、エキサイティングな店に入った瞬間に感動することはないだろうか？　そんな店は、「この店は、何か楽しいことがありそうだ」とときめいたり、「もっと奥まで行ってみたい」と思ったり、「店員が素敵だな」と感じたり、「気持ちがいい！」と思わせるようなリラックスした雰囲気があるものだ。

店は劇場と同じだ。訪れる人をエキサイティングな気分にさせることもひとつの役割ではないだろうか。もちろん便利さは追求するのだが、店としてのライブ感やパフォーマンスも必要である。一方コンビニには、エキサイティングな要素はない。台所代わりや冷蔵庫代わりに使う店と言っていいだろう。だから、別にワクワクさせる必要はないのだ。

もちろん、コンビニにはコンビニの役割があるので否定はしないが、すべての店舗やサービス業がコンビニのようになってしまったのでは困る。それなのに、今やどんな店も〝コンビニ発想〟で、店がやたら事務的になってきている。もちろん、1000店舗展開の店づくりであれば、結局はコンビニのようになってしまうわけだが……。

私が最も訴えたいことは、あなたがめざしているのが地域の一番店なら、エキサイティングな店づくりをめざそう、ということだ。店に入った瞬間、お客様が「この店は何だ！　いったい何の店？」とびっくりするような店だ。このように、お客様を驚かせるほどのパフォーマンスが必要なのである。

◎店側のメリットを排除しよう

エキサイティングな店づくりにはたゆまぬ努力が必要であり、お客様のニーズを常に店づくりにフィードバックしていかなければならない。ＰＯＰひとつにも、決して手を抜いてはならない。

たとえば、ソニーの「サイバーショット」と呼ばれる人気機種がある。ところが、店のＰＯＰに製品名の「ソニーＤＳＣ―Ｔ10」と書いてあったら、お客さんはピンとくるわけがない。だから、お客さんがほしい機種であるにもかかわらず、ＰＯＰでの名称が異なるため、お客様が気づかずに売れないということもあり得る。

これは、店側が管理しやすいように、商品名を使っているからだ。お客様の利益を考えないと、このような失敗をしてしまう。

また、商品の並べ方も問題だ。知らず知らずのうちに、店側が管理しやすいような陳列をしていないだろうか。店側が、取りやすいように、掃除しやすいように陳列してしまうのだ。さらにひどい店になると、「商品には触らないでください」などと言われることもある。「これは売り物ですから」と……。何とも、お客様をばかにした話ではないか。お客様はもっと怒ってもいいのだ。このような対応では、売れないのは当たり前である。

今では、さまざまな販売方法があり、手に触れられないのが、インターネット販売や通信販売などだ。手に触れられない分、安くて便利という理由で売上げを伸ばしている。これらの販売方法に勝とうと思ったら、「触れる、見られる、試せる」ということではないだろうか。店とは、ライブ感があって現物に触れたり試したり、店員と相談しながら買うことができるようになっているべきである。だからこそ、エキサイティングなのだ。

このようなメリットがなければ、インターネットで買うのと同じである。お客様にとって、ショッピングは自由にできることが大切だ。「エキサイティング」ということは、お客様が自由にふるまえるということである。地域に根ざした地域一番店は、一人ひとりのお客様のニーズに応えるだけの努力をしていくべきなのだ。

ロックタウン佐野店本日オープン!

本日、ロックタウン佐野店が盛大にオープンしました!

今回のオープン準備では、各自の役割分担と段取りが少しずつですがうまく機能してきた感じです。

今回私は、本当に少ししか店に顔を出していません。

それでも、現場は計画どおりに着々と準備ができていました。

もちろん、細かいことを言い出したらきりがありませんが、とにかくオープンに間に合い、大枠で準備ができていればOKです!

大門弘孝店長、オープンおめでとうございます!

豊島部長、阿久津部長、神谷部長、明才地部長。

また、お手伝いに来てくれたアソシエイト諸君、ありがとうございます!

商売はオープンしてからだから、あわてずに改善していけばいいんです。

そんな、オープン前夜のやりとりから……。

それにしても店内をよく見てみると、POP1枚見ても最低レベルだね?

いったいだれが書いているの?

栃木バイパス店に今月から転勤してきた、入社3年目の石川君か!

わざわざ手伝いに来てくれたのはうれしいが、文字がきれいだから書いているんだって?

そんな低レベルな、POPならぬプライスカード作成はサトカメ流では教えていないぞ!!

君は何を教わっている!
だれが何を教えている!
君の上司はだれだ!

「激安」だの「爆安」だの、何だいそれは?
「サトカメオリジナル額198円」って、それがPOPかい?

額のサイズは何なんだ!
どのように飾るといいのか!
どういう人にぴったりなんだよ!

POP1枚に、「だれが、何を、どのように!」という最低限の基本、提案すら入っていない。

君は何を書いているの?

それに、このPOPは大きすぎて貼れないじゃないか?

まずは、商品陳列がきちんと決まってから、POPを貼る場所を想定してから書け!
君が書いたPOPはデカすぎて貼れないよ!

このお手伝いに来てくれた石川君は、転勤前までは小山城南店に3年間勤めていたが、小山城南店の高橋美博店長は何を教えてきた?

彼に対して任せっぱなしだったことが、POP1枚からわかるんだよ!

まだまだ勉強不足だぞ!

まだまだ勉強不足だから、まだまだ伸びるぞ!

最低でもあと10倍は伸びるわ!

がんばれよ!!

サトカメ流が普通の店と違うのは、普通の店はオープン当初が最高であり、しだいに当初の品質レベルが落ちてくるものです。

ところがサトカメは、オープン当初が、このように最低な店なんです！

サトカメは、スタートが最高ではなく、スタート地点が最低なのです。

そこから、地域のお客様に揉まれながら、彼ら一人ひとりが、この地に根ざして育っていきながら店が開花していくのです。

ロックタウン佐野店の大門弘孝店長自身も実家から通わず、佐野市に引越してきて佐野市民になりました。

そんなことから、一所懸命なんですね。

とにかくおめでとう！

目の前には、上場企業の全国チェーン・カメラのKさんの店があった。

どっちが勝った負けたなんていう、目先の勝敗なんかには全然興味がない。

戦いは長い。

あわてず、学びながら戦え！

そして、お互いが刺激し合って成長すればいいだろう！

本当の戦いは10年後、20年後、30年後だ！

▼▼▼ ロックタウン佐野店本日オープン！

◎オープンした店は最低の状態

店がオープンするときは、華々しく幕を開ける。そこで多くの人は、オープン当初がその店の最高の状態と思ってしまう。しかし、それは逆なのだ。私はむしろ、最低だと思っている。もちろん、オープンするまでにはできる限りのことをして最善を尽くすから、他店に関して言うとむしろ最高に近いレベルに達している。ところが、サトーカメラに関して言うと、オープンしたばかりの店は最低なのだ。まだまだこれからの店で、発展途上というわけだ。

商品の並べ方ひとつにしても、新しいから見た目はきれいなのだが、まだまだ充実していない。商品が動いてもいなければ、改良もされていない状態で、ただ新しい什器に新しい商品を並べただけの状態だ。これから改良を重ねていく前の、赤ん坊レベルと言っていい。だから今後、お客様の動きに合わせて売れ筋や商品構成も変わっていくことになる。

このように、最低の段階でオープンした店を成長させるには、ひとえにスタッフの働きにかかってくる。そこで、新人はもちろん古くからいるスタッフに対しても、復習のつもりで

「仕事を作業として終わらせるな。常に現場から学び勉強せよ！」と、私は現場で口を酸っぱくして言っている。

◎現場検証とフィードバック

勉強は、現場でのトライ＆エラーとフィードバックが大切だ。ある特定の商品に対して、まずＰＯＰを書いてみる。これによって売上げを上げるのがＰＯＰの役割である。ただきれいならいい、というものではない。納得のいくＰＯＰを書いて貼ったあと、必ず現場検証をしてみる。お客様が、そのＰＯＰによってどのように動いて買ってくれたか。はたして何個売れたのか。１週間で何個売るのか、売れたのか、きちんとデータとして出すのである。

たとえば、ＰＯＰを書く前と後では、販売個数はアップしたか？　もしアップしているなら、正しいＰＯＰと言える。それならば次に、より多く売る方法を考えて、成功したＰＯＰに手を加え、さらに販売個数を確認してみるということになる。

つまり、このような現場検証が勉強であり、トライ＆エラーを重ねて、コツコツと結果を積み上げていくのである。このような方法が、本当の意味での勉強なのだ。

◎目標達成の分析は数値化が決め手

一方では、まず最初に目標を決める。それを1週間で10個売ろうと決めたら、それをめざしてPOPをつくる。そして1週間後、販売実績を確認して改めて分析してみる。たとえば15個売れたなら、その原因を分析する。そして、その分析結果に基づいて、今度は20個を売る方法を考えるのだ。

このように、何を決めるにも数値化が重要だ。数字を知らずに、ただPOPがきれいだとか、センスがいいとか、色は赤がいいとか、青がいいとか、文字が大きいのがいい、小さいのがいいなどと言うのは次元の低い話で、POPの本質からはズレている。

私は、そんなことはどうでもいいと断言する。常に現実を見て、数字と照らし合わせていく作業が必要なのだ。よく、「こんなに一所懸命POPを書いたのに」と嘆く人がいる。しかし、私は勉強不足のPOPなどは認めない。「がんばった」という事実は認めるが、お客様の視点から見たとき、お客様のメリットにならないなら、それは自己満足にすぎないと考える。

だから、あくまでもお客様の視点を考えること。そして大切なのは、きちんと現場検証をして、その結果を計画にフィードバックしていくことである。もし、これを10年も続けたら、POP1枚からどれだけ成長することか。この継続こそが勉強なのだ。

part 4

リーダーは何をどう学ぶべきか

「ゆうじ」の監督に学ぶ人材獲得戦略！

わが息子・ゆうじが所属する硬式野球部の監督の件で、中小企業経営者として学ぶべき人材戦略があることを発見した。

少しまとめさせてもらう。

県内の小さな大会の1回戦終了後。

ベンチ入りしていた1年生3人に対して、「ベンチ内でのフットワークも悪くて使えない」と、部員全員の前で怒鳴り散らした監督！

ベンチから外れていた「ゆうじ」たち3人の2年生に向かって、「使えない1年生と入れ替わって、お前たちがベンチに入れ！」と、背番号を渡されたと言う。

「ゆうじ」は言う。しょせん、ベンチ内の雑務係。そんな理由で背番号をもらったわけだから……。

「ママ」は言う。監督は、何の配慮もない馬鹿野郎だ、と。

「なっち」は言う。

理由は何だっていいじゃん。ベンチに入ったんだから、がんばれば！　ラッキーじゃん。

私に言わせれば、監督がみんなの前で怒鳴ったのは感情むき出しの本音であって、経営者から見ても何も悪いこととは感じない。

もし、佐藤勝人流に監督を指導するならば、みんなの前で怒鳴ったことは監督の精神衛生上も、本音の感情を溜めずに吐き出したことは体にもいいこと。

しかしその後、背番号を取り上げた1年坊主を相手に、1対1の個別対応をするべきだった。

理由を言って、相手を納得させせてから次にやることを考えさせ、「だから、お前もがんばれよ！」って励ますだけで十分だ！

これだって、監督の本音のはずだ。

さらに、背番号を与えた「ゆうじ」たちにもその後、1対1の個別対応をするべきだった。

みんなの前ではあんなふうに言ったけど、「君たちを選んだ理由はそれだけじゃない。君たちの、こういうところに期待しているぞ。チームの勝利のために貢献してくれ！」と励ますのだ！

これも監督の本音のはずだ。

全体的に伝えたあとで、1対1で当事者に対するフォローがなかった。

店でも、チームでも、野球でも、会社でも同じ。

指導者の「本音」＝「感情」＝「愛」を個別にも伝えて感じさせることが、つながりを持つ強いチームをつくる基本です。

そのフォローをしないと、表面の言葉だけをとらえて誤解されることもある。

言われた当事者からすると、逆恨みする奴もいれば、モチベーションが下がって辞める奴も出てくるだろう。

そのフォロー役も、15人以下の中小店規模なら社長や店長自身がやるべきで、中小チームだったら監督自身がやるべきだ。

チーム規模も会社規模も30人以上になったら、監督ではなく、部長かキャプテンがフォロー役をするべきなのだ。

それでもはい上がって来い！　っていうのが高校野球だ！　プロの世界だ！　って言う人がいる。

しかしその場合、自分のチームや自社自店において充分に人材の確保ができている、ということが絶対条件だ。

われわれのように、人材の確保が十分にできていない会社は、全国でも約97％以上も存在する！

ということは、這い上がって来い！　などと、のん気なことを言っていられるのは、振るい落とすのが主体のプロスポーツの世界や一部の大手企業だけとなるだろう。

われわれ規模の会社は、あくまでも育てることが主体となる。

基本的に、一人ひとりを尊重して育てて活用する方法を身につけなければ、店は繁盛しない。

切り捨てたり、ダメ社員の烙印を押したり、クビにすることとは簡単です。

一人ひとりを育て上げるのが人材育成であり、自己の育成でもあり、それが会社の成長につながるのです。

ちなみに、「ゆうじ」の野球部の監督は、お金もない県立高なのに、地元中学の大会に足を運んでは、監督自ら選手を口説き落としているらしい。そして常に、県内でも5本の指に入るくらいの60名規模の部員数を確保しているところはさすがだと思う。

ひとつの行動の結果に対して、周囲は文句を言いたくなるが、何をやっても文句は出るもの。

そんなことは百も承知で、自ら環境を整えているあたりが、ただ者ではない。

指導者というより、「経営者」としてすばらしいと感じる。

ついつい人材確保について、
お金もない、資産もない、コネもない、
と嘆きたくなるわれわれ中小企業経営者としては、
「人材確保も同じ。待っていちゃダメだ」ということに気づかされた！

社長自ら足を運んでの人材の確保が、中小企業の戦術だね。

十分に学ぶべき人材獲得戦略だった！

実は、この監督は母校のOBで、かつては、選手としてもすばらしい選手だった。

そして、私の先輩でもある。

母校の商業科の先生だ！

母校野球部で、中小企業の人材獲得戦略を実践しているあたり、監督にしておくのはもったいないと感じた……。

中小店では、一人ひとりの人材を育てることが基本。切り捨てたり突き離してはならない。

◎中小企業は社員を切り捨てられない

同じ野球でも、プロ野球と高校野球を比べてみると、まったく異なる。もちろん、高校野球でも選手たちは必死なのだが、やはりプロとアマチュアとでは、大手企業と中小企業ほどの差がある。まず、人材確保の面でまったく異なっている。

ここに登場する監督の学校は県立高校だから、優秀な人材は、いつも強豪私立校にもっていかれてしまっている。それでもこの監督は、県内の中学校を回って、その中でスカウトしたい生徒を見きわめると自宅にまで挨拶に行く。

私立校だったら、「授業料免除制度」などで優秀な人材を確保することができるが、県立高校ではそんなこともできない。だから、この監督の人材確保のやり方は中小企業の経営と似ている部分があると感じた。

大企業では人材は豊富にいる。入社希望者が殺到するため、十分に人材を確保することができるからだ。

そのため、プロ野球のように「やる気のないやつは来なくていい！」、「這い上がって来い！」などと叱咤して仕事をやらせることもできるわけである。

ところが中小企業では、せっかく入社してくれた社員に対して、そんな態度をとることはできない。ほとんどの県立高校のように、補充人材がいないため、「やる気のないやつは来なくていい！」などとうっかり言ってしまうと、社員は本当に辞めていってしまうからだ。辞められて困るのは、むしろ中小企業の社長自身なのだ。

そのため、どうにか経営者のほうで、それぞれの社員の長所を見つけて、仕事と結びつけていかなければならないのである。

ダメだと言って切り捨てたり、クビにすることは簡単だが、そんなことをしていては、いつまでたっても人は育たない。雇った人材をきちんと育て上げることが、中小企業の人材教育なのだ。

◎人数によってフォローの仕方は異なる

人材教育につきものの社員の叱り方だが、これがなかなか頭を悩ませるところである。「長所伸展」をメインにしても、悪い部分があれば叱ることも必要だ。しかし、叱ることによって辞められてしまっては困るというのが、中小企業の悩みでもある。

さて、監督は野球部の部員に対して怒鳴ったわけだが、部員が60人もいるため、監督自らがフォローをする必要はない。

新入部員をフォローするのは常に先輩の役割となる。このような先輩がいるため、監督は平気で新入部員に対して怒鳴ったりできるわけである。このチームの命令系統を見ていると、チームは60人規模になっているため、常に後輩をフォローする人がいる。これが30人規模なら、部長なりキャプテンなり、上の立場の者がフォローすることができる。

したがって、規模に合わせてきちんとフォローする役をつくるべきなのだ。これが、もし15人以下であれば、監督自身が直接フォローをしなくてはならない。

ここで大切なのは、その一番肝心な人、つまりサポートする人を組織的に育てていくことである。そしてもうひとつ。その人材確保を人にやらせず、この監督が自ら行なっていることである。

◎怒鳴り倒すには信頼関係が大切

怒鳴ったあとのフォローは、もちろん大切である。サトーカメラの例で言うと、私もあえて全員の前で怒鳴ることがある。しかし、信頼関係がなければ、そのような荒治療を行なうことはできない。そのため、ふだんからマンツーマンのコミュニケーションをとっておくことが大切となる。

マンツーマンのフォローがあるからこそ、平気で叱り飛ばすことができるのだ。そして叱られた本人も、日頃からの信頼関係があるため、むしろ怒られたことが喜びにもなる。

人前で怒ってはならないというのは、やはり大企業の論理である。大手企業では、個別のフォローなどを、いちいちしているわけにはいかない。そのため、人前で叱らず陰に呼んで叱りなさい、という教育をするわけである。

私は、いつも人前で平気で叱っているが、ときに叱れないこともある。それは、その社員と信頼関係ができていない場合である。ところが、ひとたび信頼関係ができてしまうと、平気で叱ることができる。相手がどんな人間で、どのような言葉に反応するか、また本心はどうなのかがはっきりわかるくらいの信頼関係があれば、怒鳴ったところで何も問題はないのである。

ライバル「だいき」現わる！

サトカメ本部に、私のライバル「だいき」が現われた！

妹の息子「だいき」は小学1年生の男の子。「だいき」は、私のことを「なっちゃんパパ」と呼ぶ。

今日は野球のグローブを持参して、キャッチボールを教えろというそぶりを見せながら、私の視界の範囲内ギリギリのところでウロウロする「だいき」。

その無言の誘いに乗って私のほうから、「だいき、オジちゃんとキャッチボールするか?」と声をかける。

待ってましたとばかりに、喜んでキャッチボールがスタートした。

しかし、「だいき」は超ヘタッピだった……。へなちょこボールはどこへ行くのかまったくわからない……。

我流の我流、だれにも教わっていない。それこそオレ流なんだろうね。

しかし、「だいき」本人は気づいていない。「なっちゃんパパ」に、どうだい、うまいだろう！ っていうそぶりを見せやがる。

それを見かねた私は、

「なっちゃんパパが教えれば、『だいき』は間違いなくプロ野球選手になれるぞ！」と甘い言葉を投げかけたら、「だいき」の心はイチコロだった！

それから「だいき」に、ピッチングフォームを手取り足取り指導した。

徹底的に教えながら「実践させ」、失敗しても「その気にさせて」、なぜ失敗したのか「教えながら」、くじけないように「乗せて」、少しでもうまくできたら「褒めて」、飽きさせないように途中で「笑いを入れる」

教える私も真剣そのものだ！

そのかいあって、真剣に学んだ「だいき」はみるみる上達。

体力も能力も何も変わっていないのに、球は速くなったし、コントロールもついてきた。

素直だから覚えるのが早い早い。

会社の成長も、繁盛店さえつくれば自動的に成長する、というものではないんですね！

われわれは、自らが次の段階から次の段階へと常に課題を求めて登り続けることで成長するんですよね。

「だいき」も、我流のヘタッピキャッチボールのままでは間違いなく途中で挫折するし、間違いなく途中で伸び悩むから飽きてしまうんでしょうね。

だって、経営の場合だって、「だいき」のキャッチボールと同じで、自分がヘタッピなことすらわかっていないいんだからね。

だから、いつまでたっても経営に〝大丈夫〟なんてないんですよ。

意図的に教育を与えなければ、絶対に成長しないんです。

だから、経営も「だいき」のキャッチボールも一緒ですよ。

最初は我流のキャッチボールでもいいんです。

ある段階で、教育によって正確なキャッチボールを覚える。

だから、みるみる成長するんですよ。

成長するから、経営だって面白いんです。

キャッチボールも、経営も、考え方でも、生活の仕方でも、企業の成長のためには経営者は、「教育を与えること」に尽きます。

経営者自身は、成長への戦略に専念できるように、マネジメントについても勉強し学ぶこと。

戦略も戦術も、勉強して身につけなければならないね。

また、部下を動かし統括するには、営業もマーチャンダイジングもしっかり教わって身につけ、人材育成、人材管理のポイントも知っていなければならない。

たとえ、私のように現場叩き上げが実戦の中から感覚的に、戦略も戦術も営業もマーチャンダイジングも人材育成も身につけたとしても、自分以外の相手に教え伝えなければならない。

奴隷を育てるなら、別にそんなに教育は必要ないが、自立した社会人を育てるためには、理論的に説明できるように理屈を勉強して身につけないと教えられないんですよ。


企業の成長のためには、経営者は「教育」を与えなければならない。

＞＞＞ ライバル「だいき」現わる！

◎だれでも最初は防衛する

相手の話に乗るか、乗らないか……。だれでも経験があると思うが、乗らないときや乗れないときは、相手に対して防衛しているときだ。たとえばサトーカメラで、何か仕事の提案をしたとき、アソシエイトが話に乗ってこない場合がある。そのようなとき、「君はだれを信用するのか？」と聞いてみる。自分はそのように考えていないというとき、あるいはあなたの言うことには騙されないぞと身構えたとき、相手の話に乗らないことになる。

子供が下手なボールを投げても、その子は自分が上手だと思っているものだ。有頂天になっているとき、「そんなのダメだ」と言ってしまうと、こちらの話に乗ってくることはない。

そこで、子供に見えるところで剛速球を投げてみる。子供はそれに驚いて、気になってくる。そして初めて興味を持つ。そのとき、「教えてやろうか」と言いながら、「簡単だよ」と実演させ、「うまくなったね」と乗せてその気になったら、「できるじゃないか。すごいね」と認めながら育てていくというやり方が効果的だ。このような「子育て方式」によって、サトーカメラのアソシエイトたちは育ってきた。

とは言え、だれもが自己防衛するのは本能的なことだ。だれでも、新しいことをはじめるときは防衛的な態度をとるものだ。

そして、新しいことをはじめたとき、最初はだれもが失敗するが、そんなときでも、よかった部分を一ケ所だけでもいいから見つけてあげればいいのである。

そして、「この部分はよかったぞ」と励ましてやる。よかったところを、瞬時に見つけてあげて、相手をその気にさせるのである。

◎人間性を否定していないことを理解してもらう

もし相手が失敗した場合、なぜ失敗したのかを指摘し、それでも次はがんばれると励ましてあげることが大切である。しかし、叱るときはきちんと叱る。その場合のポイントは、なぜ叱ったのか、をはっきり教えながら叱ることだ。

まだ信頼関係ができていないとき、勢いあまって叱ると、相手に誤解を与えることがある。叱っているのは相手の人間性ではなく技術面なのだが、叱られ慣れていない人は、自分の人間性を否定されたと勘違いすることがある。

このあたりは十分に注意するべきである。とくに、今の若い人は叱られ慣れていない人が少なくないため、最初に「人間性を否定しているのではない」ということを理解させなければならない。励まして叱る。そして、子供に教えるように辛抱強く教えることが大切なのだ。

◎教え方のテクニックも磨く

相手に食いつかせるためには、教え方も勉強する必要がある。途中で、笑いを入れながら興味を持たせることも必要だ。中小企業レベルでは、最初から大志を抱いて入社してくる人は少ないからだ。だから、そのような若者に対して、考え方でも思考法でも、まずは興味を持たせることが必要なのだ。

自立した社会人を育てるためには教育が必要である。とは言え、社員はそれほどやる気があるわけではない。最初は平均点以下だと思えばいいだろう。それを承知で教える。もはや、理想を言っても仕方がない。ということは、子育てと同じなのである。

そして、いかに本音で相手と接していくことができるか、ということが大切だ。リーダーシップをとるには、自分から本音を見せていくことである。教える私も真剣そのものだ。そうしないと、相手が食いついてこないからである。こうして、教える側も真剣に向き合った教育を与えなければ、社員は絶対に成長することはないだろう。

記念すべき日に……!?

本日、「佐藤勝人の経営一刀両断」第100話!

最近、部下が何人か辞めていった店の店長が相談に来た……。

何々、どうしたのよ店長???

「自分に魅力がないのか」って!?

何を言ってるんだ! 君、君、君!

君は魅力的な人間だよ。

魅力いっぱいだよ!

だから、君の販売力はすごいんだよ。

君の一番の得意は販売だろう。

君は、その商品に「自分という価値」を乗せて売っているよ!

だから、他の人より多く売るんでしょう?

なぜ、どこにでも置いてある同じモノを、君は他の人の何倍も多く売ることできるんだ。

それは、その商品だけでなく、売っている君自身に魅力があるってことだよ。

まずは、その自分の得意中の得意の「販売」を部下に教えなさいよ!

自分の得意な、だれにも負けないものを部下に教えるんだよ!!

店長になり立ての勉強中だから仕方がないが、店長だからって気取って、君だってろくに知らないことを、その覚えたばかりのことを教えたって、部下には全然伝わりゃしないよ。

自分が、一度でもいいから体感して実感しない限り、魂の言葉は人には伝わらんのよ。

「○○さんが言っていました！」

なんてレベルの話を聞いて、だれが動くか!!

「○○先生が言っていました！」

なんていうレベルの話を聞いて、だれが行動するか!!

「俺はこうやったら売れたぞ！　お前も一緒にやらないか！」

「俺はこうやったらお客さんが喜んでくれた！　みんなもやらないか！」

「俺は失敗したけど、多分こういうことだと思う。みんなも協力してくれ！」

自分の赤裸々な実体験を言葉にしろ！

部下は、君のリアルな実体験に感動し鼓舞されて動くんだ！

店長になり立ての君に、今の君の現場に、つくり話なんて必要ない！

あるのは、実体験と事実と本音だけ！

それが、部下がついてくる秘訣だよ！

それが何だよ、店長〜!?

リーダーシップとは……なんていう本ばかり読んで部下に薀蓄を語っていないで、自分の得意な部分を恥も功績も徹底的にさらけ出し、目の前の部下と本音でぶつかれ！

この情報化社会、そんじょそこらの薀蓄や講釈なんかでは人は動かないよ。

お前のリアルな体験が部下を動かすことを知れ!!

◎自信喪失したときは、自信のある部分を思い出させる

自分の部下が立て続けに辞めれば、だれだって落ち込む。自分に魅力がないのでは、と思い込んで自信を喪失することもある。今回は、落ち込んでいる店長に対して、ふだんから彼の自信がある部分に目を向けるようにアドバイスした。

たとえば、彼はお客様の声をよく聞くためお客様からの評判もよく、そのおかげで販売成績がいいという実績があれば、その長所を最大限に生かすこと。それを、そのまま部下育成に使えばいいというアドバイスもした。もし言葉で伝えることができなければ、行動を示して、実際にやっているところを見せて部下を教育すればいいと伝えたのである。

言葉で教育をすることが有効な場合もあるが、部下が未熟な場合、言葉を使って説明して伝えることは、なかなかむずかしいものである。また教える側も、経験不足で何を言っていいのかわからないということもあり得る。

そのような場合は、自分の得意なところを部下に見せて、それを部下育成に使えばいい。

まずは、自分が得意なものを徹底して教えることである。すると、部下はその姿を見て、その真似をするようになっていく。それが、リアルな作業であり業務なのである。部下は、目の前のものしか見えないし、目に見えるものしか信用しない。だからこそ、リアルにあなたが目の前で教え、見せてあげるべきなのだ。

多くの人が間違えるのは、自分ができないものを教えようとすることである。自分ができないことを教えようとするから自信を失い、部下からの信頼も失うことになるのである。

◎どうしたら人は動いてくれるか

人を上手に使うことは、経営者にとって永遠のテーマと言っていいだろう。私も店長になり立ての頃は、必死に考えたことがある。どうしたら人は動くのか、と。いろいろな試行錯誤の結果、自分が一番得意なことを部下の前で示すことだと悟った。

リーダーシップ、部下育成などと言うと、何か特別なことのような気がするものだが、決して特別なものではない。自分の得意なことを教えることに加えて、自分が失敗したことも含めて分かち合い、「みんな協力してくれよ」と心から頼むのである。

多くの人は、失敗したことや恥をかいたことを部下の前で言いたがらないが、私はあえて、そのようなことも語って、部下とともに仕事をしたいと考えている。

落ち込んでいる時間が成長のスピードを決める！

自分の長所を活かすから面白いんだよ！

自分の長所を活かすから、自分の役割が自ずと見えてくるのです。

最初から自分に合う仕事なんて、まずないよ！
まずは、自分が合わせることに尽きます！

私は、カメラが好きでカメラ屋をはじめたのではない！

カメラを売ることをとおしてお客さんから学び、お客さんを通してカメラが好きになっていった。

だから、モノを超えた「想い出をキレイに一生残す」という理念に行き着いたのかもしれない。

それはすべて、お客さんからお叱りや激励を受けたりミスをして怒鳴られたり、安請け合いをしてケンカになったり……毎日毎日のそんなお客さんとの真剣勝負から学び、そんなことから信念や理念が生まれてきたにすぎない。

私は、今でも生粋のメカ音痴だ！
だから、よりお客さんに近い立場でいられるのかもしれない。
だから、一般のお客様の気持ちがわかるのかもしれない。

それを経営に商売に活かしているだけだ。

今の環境の中で、目の前のことにトコトン打ち込み続けていると、自ずと自分の長所に気づくはずだ！

人間は、疲れて自分の未来が一瞬でもぼやけてくると自己嫌悪に陥り、落ち込んでくる。

私だってそうだった！

それでも、今の目の前の出来事から学ぶ姿勢が人間を成長させるのだ。

落ち込んでいる時間をどれだけ短くできるかが、成長のスピードを決めるんです!!

落ち込んでいる時間を短くするには……。
自分の役割をはたすために、自分に与えられたものが〝長所〟なのです。
だから、早く自分の長所を見つけることだ。
どんなにバカやアホでも、ひとつや二つは必ず長所はある。
だから、自らの長所に気づき見つけ出すために働くのだと思う。
リーダーは、部下の長所を発見してから指示を出すこと。
人を成長させたければ、まずは部下の長所を発見することだ。
そこを間違えると、リーダーは部下の短所を叩き直そうとするから厄介だ。
部下の長所がわからなければ本人に聞けばいい。
そして、基本的に短所は気にしないこと。
自分の短所を直せる人間は、100人に1人ぐらいしかいない。
短所を直そうとすると、ほとんどの人は長所まで見失ってしまう。
短所は、どれだけ直しても、その人間の成長にはつながりはしない。
自分の役割をはたすことから外れてしまうのが落ちなんです。
自分の長所を、存分に活かして働くから面白いんだよ!

◎短所の裏返しは長所

部下育成には、長所を発見してそれを伸ばすことが肝要だが、実は短所の裏返しは長所でもあるため、それが見えてくると部下育成のツボがわかってくるようになる。たとえば、多くの人は他人の短所を発見するほうが楽なはずだ。

そこで、たとえば「細かい、神経質」のような、一見短所に見えるところを長所として捉えると、「几帳面、神経が細かい」というような利点に転じることがわかる。あるいは、「だらしなくてルーズ」と感じる人でも、これを長所として捉えるなら、「のんびりしていて寛大」と見ることも可能である。つまり、短所を叩き直すのではなく、短所を長所として見るようにすればいいのである。何でも物事には陰陽、裏表というように二面性があるが、なぜ「短所」となってしまうかというと、それがマイナスの結果を引き起こしたからではないか？　それがよい結果を起こしたら、長所に転じるわけである。

このように、だれでも長所と短所は相反する面を持って内在しているが、短所を直そうと躍起になることによって、蟻地獄に陥ってしまうのである。そこで、短所に見えることに直面したら、まずはその裏にある長所の部分に光を当てて、そこから長所を伸ばしてあげることにリーダーシップの発揮のしがいがある、と言っていいだろう。

◎大きな勘違いの部下には、リーダーの偉大さを見せつける

長所を認めることはすばらしいことだが、しかし、大きな勘違いをしている部下も、ときとしている。そのような場合はやはり、その人が自分自身の至らなさを発見できるようなチャンスを、あえてつくってあげることが大切である。

たとえば、その人が得意に思っていることでも、その道何年のリーダーからすれば、まだまだ〝ひよこ〟のようなものかもしれない。そんな場合は、その実力の差を見せつけるような場をつくって、自分自身の未熟さに気づかせるのである。リーダーは、得意中の得意のことを教えるわけだから、その実力は雲泥の差と言っていい。そして部下は、その実力の差を知ると、その現実に気がついて素直になってくるものだ。

また勘違いのひとつに、自分に合った仕事を探し続ける人がいるが、仕事とはあくまでも手段のひとつでしかない。その先に何をしたいのか。その先のものを見つめれば、実際、どんな仕事でも自己実現に至ることを教えてあげることも、リーダーとしての役割なのだ。

経営者の責任は自分だけの問題じゃありません！

経営者は、部下の仕事に逃げちゃダメです！

「経営」という仕事を行なわなければダメですね！

ほとんどの経営者は、現場での実績があって経営者に抜擢されたり、自ら創業しているわけです。

どこでもそうですが、部下の仕事のほうが楽なはずです。

部長より、店長のほうが仕事は楽なはずです。
店長より、副店長のほうが仕事は楽なはずです。
副店長より、新人のほうが仕事は楽なはずです。

勉強も同じです。
学年が下のほうが楽なはずです。

打ち込んでいる本人は、いつの時代でも自分が一番たいへんだと思っていることでしょう。

もちろん、今の本人の力量では今が一番たいへんなのです。

「経営者は管理が仕事」と勘違いしている人もいるかもしれませんが、もちろん経営の重要な一部ではあるものの、管理は経営そのものではありません。

管理は部下の仕事だから、部下に任せること。

経営という仕事は、「企業の方向づけ」であり戦略です。

経営者には経営という仕事があります！

それでは、経営とは何か？

それは、「企業の方向づけ」と「資金の最適配分」と「人を動かすこと」です!!

経営者の仕事とは、経営を行なうことにある。

ダメな会社は、経営者が部長の仕事をして走り回り、部長が店長の仕事をしてハッスルし、店長が平社員の仕事をしている。

そして、平社員はやることがない。

「何をやっていいのかわからない」と言って、ブーブー文句だらけです。

経営者が経営の仕事を行なわないと、中長期的に見て会社は進展せずおかしくなる。

部下の仕事に逃げ込まず、経営の仕事をしようじゃないか!!

経営者の仕事の中で一番重要な「方向づけ」!

だから、私は毎日のように寝ても覚めても商品構成とマーチャンダイジングに、お客様の流れと社会との融合を考えています。

それこそ365日24時間、夢の中でもです!

だって、自分や家族だけの問題じゃありませんから。

お客さんを含めて、アソシエイトとその家族、取引先や関わった人に迷惑をかけるわけにはいきませんから。

そんなことは、経営者として当然なのです。

それが嫌なら、人なんか雇っちゃダメですよ。

個人事業主で、自分のためだけに働けばいいのです。

だから、基本的に経営者は休みなんて言っていられないのです。

どこにいても何をやっても、年中考えを深めるから経営者なのです。

能もない経営者が「オン・オフ」なんて戯言を言ってちゃダメなんですよ。

上場企業の雇われ社長の、上辺の行動だけを真似しようとするから、いつまでたっても……なのです。

上場企業の雇われ社長は、4年で交代ですよ。

みなさんもご存知のように、質を高めるには、量を究めるしかないんですよ。

私が、365日24時間戦えますか？　って教えてもらったのは、欧米の経営者とアジアの経営者の方々からなんです。

世界中の中小企業経営者は、われわれ日本人以上に働いていることを30歳のときに知りました。

われわれの耳に入ってくる欧米の経営者のイメージと実態は、全然違いました。

それ以来、私も中小企業経営者として、365日24時間仕事を実践させていただいています。

間違った方向づけをすれば、いくら正しい管理をしても会社は階段から転げ落ちていきます。

それならば方向づけとは、「何をやって何を止めるか」を決めること。

つまり戦略です！

戦略なくして成功はあり得ません。

未来を予測することはむずかしい。

それこそ、明日の株価がわかって売買できれば日本一のお金持ちになれるが、明日のことすらわからないのが現実です。

しかし経営は、毎日毎日の現在過去分析で未来がわかります。

そして、毎日毎日のように潮目は変わります。

その潮目に気づかず、1回のかけ違いに気づかなければ、毎日の積み重ねによって方向が大きく変わってしまうので注意してください。

指導先の飲食店様の場合、業績不振の原因は、そのときの潮目の変化とかけ違いに気づかずに今日まで来てしまったことでした。

もちろんそれは、失敗という経験として許せる範囲ならいいのでしょうが……。

>>> 経営者の責任は自分だけの問題じゃありません！

◎経営者は365日24時間仕事

私は365日仕事をしている。たとえば、ショッピングをしていても、他人から見れば遊びのように見えるかもしれないが、私にとっては仕事なのである。ショッピングをしながらでも店舗視察して考えるのが仕事だから、常に店舗周辺の事情もチェックしている。

通常、普通の人にとって仕事というのは業務・作業のことだが、私はこの業務・作業は一切行なわない。業務・作業は、自分の仕事ではないからである。私の仕事は、何かが起きたとき、これはだれにやってもらうかを命令することであり、人に業務をやらせることである。そして、そのための仕組みを考えることが仕事なのだ。

よく経営者の中には、部下に任せるのが嫌いで、「自分がやったほうが早いんですよ」などと言う人がいるが、これでは経営者としては失格である。それは、部課長の仕事をしていることになるからだ。

現場を見るために店舗を回るのは、今ではせいぜい月に1回か、2ヶ月に1回ぐらいである。10年ぐらい前までは、毎週店長会が終わったあと、全店を回っていた。そして、店舗の不備を叱り飛ばしていたものだ。

しかしこれは、短期的には業績は上がるが、中長期的に見るとあまりよい結果を生まなかった。叱られた店長が他店の店長に電話をして、「今、常務（当時）がそちらに向かったから気をつけろよ」というようになってしまったからだ。しかし、これでは信頼関係が失われることにもなりかねないため、店舗まわりを止めてしまったのだ。

◎経営とは、人を遣うことを考えること

経営者というのは、いかに人を遣い動かすか、それを考えることが仕事だと考えている。つまり、企業の方向づけと教育である。採用した人をどう育てたらいいかを考えたうえで人を遣うわけだから、船乗りのキャプテンと同じである。

たとえば、店内にごみが落ちていたとする。自分で拾えば簡単だ。しかし、そこをぐっとこらえて、その瞬間にだれに拾ってもらうべきかを考える。そのときの状況を把握して、この役割には◯◯君が最適、と決めて命じるのである。これを自分が拾ってしまったのでは、経営にはならない。

それは、プロ野球の監督が試合に出るわけにはいかないのと同じなのだ。

◎ときには見て見ぬふりをする辛さ

4、5年前、商品部という部署をつくった。そこを若い部長に任せたところ、彼らは「専務は何もしないで、自分たちばかりにやらせていてずるい」と言ってきた。そこで私は、「じゃあいいよ。俺がやるから。でも、君はもう明日から来なくていいよ」と答えた。

きょとんとしている彼に対して、私は経営者の仕事がどのようなものなのかを教えた。「悪いけど、人にやらせるのが俺の仕事なんだよ。今、お前たちを育てるのが俺の仕事だ。今任せている仕事だって、俺のほうが10倍は得意なんだ。だから、自分でやれば数倍は早くできるから、お前たち辞めていいよ」

と言ったとき、文句を言った部長はやっと気がついたようだった。そして、目を伏せている彼に対して、「できる奴がやらないことほど、辛いことはないんだぞ」と教えた。さらに、「君たちを見ているだけで胃が痛いんだ」と。

教えながらも、ずっと見て見ぬふりをしていたわけである。見ぬふりをしていても、実は心配でもどかしくて、気が気ではなかった。普通、部下は、そのような経営者の胸の内を知らないため、ただ遊んでいると思うことも無理はないのかもしれない。しかし、経営者の責任は自分だけのものではないだけにたいへんなのだ。

10年後、あなたは何歳ですか？

日本全国津々浦々、すばらしい才能を持った経営者や商売人や店長は、数え切れないほどたくさんいます。

私なんか足元にもおよばない、何をやっても適わない連中ばかり、各分野に優秀な人たちはわんさかいます。

しかし、自分で部下を育てることができるのか？となると、なぜか数％に限られてきます。

いくら知識や経験が豊富でも、いくら他人にすばらしいことが言えても、いざ自分の部下を育てるとなると、なかなかむずかしいというから面白い。

どうしても、自分の部下となると主観的に見てしまうらしい。

どうしても、自分の部下となると理想だけが先走って、短所しか見えなくなってしまうらしい。

1日や2日で人は育ちはしないよ。
1回や2回言ったぐらいで何がわかる？
それこそ、10回や20回言ったぐらいで何がわかる？

「教えながらも、常に部下から学ぶこと」

「教えながらも、部下には教え過ぎないこと」

「高圧的にならずに興味を引かせること」

「自分が乗りすぎずに、部下に乗らせること」

「短所は目をつぶり、長所とつき合うこと」

「部下を尊敬できるようになるまで、長所を見出すこと」

感情的に見せるときもあれば、冷静に見せるときもある。

子育てと何ら変わらないんだけれど、この妙技ができない人が99%はいるから、社会は面白いと感じた。

優秀な人ほど、部下を一所懸命育てているのに部下を育てられないから面白い。

育たない部下を見て、部下が悪いと言うから、また面白い。

それでは、売れない店の店主が、店に来ないお客が悪いと言っているのと同じだよね。

部下は、飼い犬でもロボットでもない。

そして、自分の思いどおりに動くのが最高の部下でもない。

管理では部下は育たない。

報酬では部下は育たない。

自立できる部下を育てるには、長い時間軸で育てるくらい腹を据えないと、絶対に育てることはできない。

私は、現在の幹部や部下を10年、20年、30年かけて育てる考えで、愛を持って彼らと接している。

だから、客観的には怒鳴ることはあっても、主観的には腹が立つことはあまりない。

みなさんは、部下に対して時間軸が短いから、目先のことで腹が立つのではないのでしょうか？

自分でやったほうが早いと過信している人も多いが、それならばみなさんは10年後、いったい何歳ですか？　20年後は何歳ですか？

そのとき、あなたの体力は？

◎社員は長い時間軸で育て、去る者は必ず追うこと

報酬では部下を育てることはできない。報酬で人を雇おうと思ったら、最後は報酬で逃げていくものだ。人間はだれでもそうなのである。ある程度のお金をつかんだら、さらにほしくなるのが普通だからだ。部下を育てるという観点から見れば、報酬や管理では人は育たないのである。ただ雇うことや一瞬の売上げを上げることは簡単だが、人は育たないということだ。

カリスマになる方法は簡単だ。自分が先頭に立ってやればいいだけのことである。ただし、そんなことばかりしていると、ただついてくる部下しかいなくなってしまうだろう。経営者がカリスマになると、部下は育たなくなってしまうのである。

自立できる部下を育てるためには、10年、20年ぐらいの年月をかける覚悟が必要である。たとえば、「使えない奴だ」と20代の社員を叱ったとしても、10年後を想像したとき彼らはバリバリの30代になっている。

その人たちが稼いでくれるようになるのだから、一所懸命に鍛えてあげなければならない。だからこそ、長い時間軸で育てることが大切なのだ。

◎去る者は絶対に追う！

しかし、大事に育ててきた社員が辞めてしまうケースもある。社員が辞めたいと言ってきたとき、私は土下座してでも絶対に止めるようにしている。それこそ命がけで止めている。それは、3年、5年、10年一緒に働いてきた社員だからだ。そこまで歳月とお金をかけて育ててきたのだから、もう家族と同じである。

一般的に「去る者は追わず」などと言うが、私は必ず追うことにしている。入ってくる者、今いる者、すべてを受け入れている。ただし、追っても辞めていった場合は、すぐに気持ちを切り替えるようにしている。

そのため店長にも、「絶対に、何としても辞めさせるな。それがあなたの勉強だ」とよく言い聞かせている。

零細企業の経営者は、自分の給料を削ってでも人を採用することである。人を育てない限り、次の店も出せなければ、次の事業も展開できないからである。

part 5

中小店の「人づくり」と「人遣い」はここが違う

人を集めないと店も会社も成長しない

経営者は、自分の給料を削ってでも人を集めないと、会社は成長しない!

私の場合、人集めに欠かせないのが、でっかい夢と話十倍ぐらいの将来の明るい見通しと展望!?

夢の待遇や夢物語。さらに、いい意味でのハッタリナンボは当たり前!

長期的な夢と願望!?

さらに欲望と反骨心……。

そんな程度のレベルでも、人集めだけは上手かった。

強いて言うならば、相手の夢や欲望や反骨心も、「自社の夢」に結びつけちゃうテクニックがあったのかもしれない。

それは、日頃の商売でも同じっていうことですよ。

私の言うことを、たった3分間で相手に信用してもらい、命の次に大切なお金を出して買ってもらうわけですから……。

まあ、こんな程度の内容で集まる人はそれなりの人、ということなのかもしれないが……。

「それなり」という常識人よりも、常識を超越した超常識人と言ったほうが聞こえがいいよね。

もちろん、扱うのはたいへんだけどね。

そのたいへんな分、経営者は勉強になるってこと。

また、優秀な若造社員を入れるには、確固たる将来の見通しとか長期の具体的な計画とか、自社の信念・理念とか、さらにその段階の成長ごとに社員に対する待遇などを言えるぐらいが、本当は理想なんです。

ここまでできれば、間違いなく店の大小や会社の規模などに関係なく、一般的に優秀な人間が入るので、ぜひ実践してください。

それに付け足して、人集めでやはり一番力を発揮するのが、担当者ではなく、経営者本人が「夢」を語ることなんです。

経営者と若造たちが「夢」を共有することに尽きます！

ハッタリも夢、デカいことを言うのも夢、マ〜ッタリも夢。

こういうわかりやすい夢のほうが、伸び盛りの若造には効くみたいね。

また、人を集めるのに注意すべきことは、今まで

補充採用は止めよう！ 自社の成長のためには、人が足りていてもあえて採用するべし！

と同じような補充採用だけは止めたほうがいい！

補充採用とは、今まで働いていた人が辞めたから、人が足りなくなったために人を採用するということだ。

人がひとり辞めたから、働き手が足りないからと言って、とにかく早く働き手が欲しい、とりあえず何でもいいから働いてくれる人を採用しよう、という方向に走ってしまうからだ。

それだったら、補充せずに今いるメンバーだけでやるべきだ。

ここでもう一度、仕組みごと見直しながら改善すれば、ほとんどが回せるようになるものだ！

私が薦めているのは、自社の成長のために、人が足りているのにあえて採用するということだ！

そうなると、足りているのに採用するわけだから、あなた自身の採用基準も自然に厳しくなっていくんですよ。

それが実にいいんですよ！

そうすると、採用レベルが自然に高くなっていくんですよ。

足りているのに採用するわけだから、絶対に自分が納得するような、自社の成長を視野に入れた、それこそ自社にとって十分に優秀な人間でないと、絶対に採用しないようになるからです。

そういう人間を採用するだけで、今まで働いていた社員は、さらにさらにがんばってくれるんですよ。

だから、会社は成長するんですよ。

>>> 人を集めないと店も会社も成長しない

◎人材教育は「急がば回れ」の精神で

部下を育成している人なら、その部下を、とにかく早く成長させたいと願うはずだ。

3年で店長に育てるとか、3ヶ月で一人前にするとか……。そのように、期間を基準に考えてしまう。しかし、5年、6年かかる場合もある。すると、本人の能力がないとか、あるいは教える人が、自分には教える能力がないのか、などと悩むことがある。しかし、そんなことに悩む必要はない。

人材育成に関して必要なのは、スピードではない。とりあえず、作業レベルのことは早く教えることはできるが、応用力を身につけさせるには、ときには遠回りしたほうがいいのかもしれないということが、何となく最近見えてくるようになってきた。

たとえば、スキーを教える場合、運動神経のいい人は数回で覚える。ところが、運動神経の鈍い人は、20回ぐらい教えないと覚えられない。しかし教える側としては、数回で覚えてくれる人のほうが楽なはずだ。

しかし、20回教えたほうが、教える側はたいへんだが、ふと気づいてみると、この「できの悪い生徒」のおかげで、教える側は〝教えるプロ〟になっているわけである。

さらに、たった数回で覚えた人より、何十回も教わった人のほうが、何度も転んだり怪我をしているため、他人の痛みがわかるようになる。

だから、将来人材を育成するとき、20回かけて覚えた人のほうが、人に教えることが上手になる。逆に数回で覚えた人は、人に教えることが下手だと言える。そのため、物おぼえの早い人が、必ずしもいいとは限らないのだ。

◎自分で学ぶ能力を身につけさせる

私も、中堅幹部を育てるのに20年もかかっていた。もっと優秀な人が採用できたらいいのに、と何度も悩んだことがある。

しかし、ふと気がついてみると、できの悪い部下のおかげで、教えるプロになることができた。三歩進めるように教育して素直に三歩進むような人は、優秀かもしれないが、中小企業には、そのような人が入社してくることはなかなかない。だから、三歩進んで、二歩でも三歩でも下がってしまう人でも、そのメリットということ考えた場合、かえって自分自身も学ぶチャンスになるのである。

最初は、こんなに教育しても、三歩進んで二歩下がるから一歩しか進んでいないと、ずっと悩んでいた。

ところがあとになって、一歩しか進んでいないのではなく、〝合計五歩歩いた〟ということに気がついたのである。

これをスポーツにたとえると、足腰が鍛えられるということだ。一見、後退しているように見えても、その人にとっては、三歩進んで二歩下がったら合計五歩である。勝った、負けたという次元では、たしかに負けたように見えるが、実質的には、五歩を歩くことのほうが、それだけ多くトレーニングをしているということになる。だから店長レベルには、「心配することない。一歩進んだからいいじゃないか」と話すようにしている。

そして、その人のレベルだったら考えればわかるということについては、「まず、考えてみなさい」と伝えるようにしている。しかし、ただ「考えろ」と言って投げつけるわけではない。考える範囲を、まずは教えるのである。

自立型人間というのは、簡単に言うなら、相手のこともわかるということだ。つまり、弱い人や負けた人のこともわかってあげられるから、この五歩歩いた経験が部下育成に役立つのである。

臭いものにふたをするな!?

「佐藤さん、やっぱりこれからは若手起用ですよね」などと言って、どこの会社でも、若手を起用しよう、若手に切り替えよう……と言う。

だって、サトカメさんだって平均年齢若いじゃないですか! だって。

でも、何でもかんでも若けりゃいいってもんじゃないよ。

そりゃあそうだよ。はじまって十数年、一番長く働いた人だってまだ30代だよ。

ベテランがいないから、育てるしかないから、何もできない若手を、一人ひとり手塩にかけて育てていくわけですよ

多くの社長に言わせるとベテランは使いづらく、何を言っても反論するし、動かない。

若手は素直だから使いやすいと言う……。

そうやって、経営者自身の勉強不足をそのままにしておいて、すべてをあなた自身の育成の集大成であるはずのベテランのせいにする。

無責任にも、若手をその気にさせて使い回し、そしてすばらしい若手を潰してしまう会社が多いようです。

若手は勢いがあるが、その勢いには波がある。

その勢いの浮き沈みが大きければ大きいほど、業績に関わってくる。

その勢いの浮き沈みをカバーするのが技術と人脈だが、若手は技術もなければ人脈も何もない。

そんな若手に仕事を預けて何ができるのか!?

若手若手と言ったって、技術をしっかり持っていなければ、何もできないド素人同然だ。

それよりも、鍛え抜かれた技術を持ったベテランをどう起用するかで、会社の業績は劇的に変わることを知ろう。

技術を持ち合わせていない未熟な若手と、技術はあるがやる気のないベテランが、会社の業績をダメにしていることを知ろう。

ということは、若手に技術を身につけさせたほうが早いか、ベテランをやる気にさせるほうが早いかだ。

しかし、会社の成長を考えると、技術を持っているベテランにやる気を持たせるほうが企業の改革につながるのだ。

だって、若いうちはだれだって勢いもやる気もあった。

それなのに、技術を身につけてからズーッとあなたの会社にいると、勢いもやる気もなくなってきたということは、会社の組織や仕組みや評価の仕方や将来性に問題があるっていうことだよね。

そこを改善して環境を整えないと、結局はまた、次世代の若手だって同じ道を歩むことになる。

それは、技術を持っているがやる気のないベテランが悪いわけではない。

そうやって、一つひとつ改革していかないと会社は進歩しない。

実は、技術を持っているベテランに少し動いてもらうだけで、業績はみるみる上がりますよ。

ベテランの言葉に耳を傾けてベテランに夢を持たせ、働きやすい環境をつくらなければ……。

若手の勢いは十分わかったけど、会社に貢献できるのは、まずは技術を身につけてからだよね！

臭いものにふたしちゃダメ！　ふたを開けるから問題が起き、改革がはじまるのだ。

◎ベテランをやる気にさせれば会社は成長する

ベテランをやる気にさせると会社の成長につながる。そこで、その具体的な方法をいくつか挙げてみよう。

ベテランが不満に思っていることの一番は、「自分が評価されていない」ということである。自分の技術の自慢をしたいのに、だれもそのことを認めてくれない。だから、そのような不満が見られたら、そのすばらしい技術をもう一度認めてあげることだ。

ただし、認める前に現状を把握することが大切だ。具体的には、人と仕事、売上げ、利益、給料、商品などを連携させることである。若い人、とくに入社したばかりの人は、売上げや実績、給料などを考えてみたら、たいした実績はない。そして、そのことにすら気づいていないことが少なくない。しかし、ベテランはやはり稼ぎ頭である。「あなたは、これだけ稼いでいる。あなたの仕事で、会社の利益の何パーセントを稼いでいるよ。すごいね」と、実績に基づいたことを認めてあげるとベテランは喜ぶはずだ。

次に、ベテランの多くに見られる不満が、実績と給料がリンクしていないということ。この不満に対しては、給料の仕組みを教える。労働分配率を説明し、「あなたががんばっている分を若手が食い散らかしている」、「若手は仕事を学んでいる途中だからだ。ベテランが稼いだ分で若手を育成し、何とか会社が保っている。それは、ベテランのあなたたちも、若いときにはそうだったはずだ。そのおかげで、今のあなたたちがある」と説明すれば、理解してくれるはずだ。

◎稼げないベテランに対しては……

稼いでいないベテランには、「これだけの赤字を続けて、会社に悪いと思いませんか?」と事実を教える。「稼いでいる人たちから食わせてもらっているんだよ。まずいよね。じゃあ、何ができる?」と問うと、「私は、○○だったら得意なんですけれど」と何か得意なことを自分で考えるはずだ。

コツを教え、たとえば1日100本売ろうと、商品を具体的に行動を決めてしまう。そうすれば、だいたいできるわけである。元々できるのに、ただ何をしたらいいのかがわからないだけなのだ。現状を把握し、そこから長所を見出してあげて、やるべき行動を具体的に指示するべきなのだ。

自分の給料削ってでも新卒社員を入れろ！

先日、ある商工会議所青年部のまじめそうな青年経営者が私のところを訪れた。

来年のセミナーの打ち合わせだったのだが、そんな段取りは5分もあれば終わってしまった。

しかし、遠いところからわざわざ私のところまで顔を出してもらったのだから……。

君の会社、何か問題ある!?　と、個別で相談に乗ってあげた。

もちろんそれは、彼の経営者としてのまじめさがうかがえたからだ。

料金受取人払郵便

神田支店
承　　認

8188

差出有効期間
平成26年8月
31日まで

郵便はがき

101-8796

511

（受取人）
東京都千代田区
神田神保町1－41

同文舘出版株式会社
愛読者係行

毎度ご愛読をいただき厚く御礼申し上げます。お客様より収集させていただいた個人情報は、出版企画の参考にさせていただきます。厳重に管理し、お客様の承諾を得た範囲を超えて使用いたしません。

図書目録希望　　有　　無

フリガナ お名前		性　別 男・女	年　齢 才
ご住所	〒 TEL　（　　）　E メール		
ご職業	1.会社員　2.団体職員　3.公務員　4.自営　5.自由業　6.教師　7.学生　8.主婦　9.その他（　　）		
勤務先分類	1.建設　2.製造　3.小売　4.銀行・各種金融　5.証券　6.保険　7.不動産　8.運輸・倉庫　9.情報・通信　10.サービス　11.官公庁　12.農林水産　13.その他（　　）		
職種	1.労務　2.人事　3.庶務　4.秘書　5.経理　6.調査　7.企画　8.技術　9.生産管理　10.製造　11.宣伝　12.営業販売　13.その他（　　）		

愛読者カード

書名

◆ お買上げいただいた日　　　　年　　　月　　　日頃

◆ お買上げいただいた書店名　（　　　　　　　　　　　）

◆ よく読まれる新聞・雑誌　（　　　　　　　　　　　）

◆ 本書をなにでお知りになりましたか。

1．新聞・雑誌の広告・書評で　（紙・誌名　　　　　　　）

2．書店で見て　3．会社・学校のテキスト　4．人のすすめで

5．図書目録を見て　6．その他（　　　　　　　　　　　）

◆ 本書に対するご意見

◆ ご感想

●内容	良い	普通	不満	その他（　　　）
●価格	安い	普通	高い	その他（　　　）
●装丁	良い	普通	悪い	その他（　　　）

◆ どんなテーマの出版をご希望ですか

<書籍のご注文について>

直接小社にご注文の方はお電話にてお申し込みください。宅急便の代金着払いにて発送いたします。書籍代金が、税込1,500円以上の場合は書籍代と送料210円、税込1,500円未満の場合はさらに手数料300円をあわせて商品到着時に宅配業者へお支払いください。

同文舘出版　営業部　TEL：03－3294－1801

現状は、ビルメンテナンスを主業務とした会社を6人で回しているらしい。

自分を含めて、親と奥さんと親戚と年配の従業員という社員構成だが、青年社長である彼が一番若いらしい。

私が、その場で即答してあげたこと。それは、

「新卒社員を入れろ！」

だった。

大卒の若造新卒君をひとり、自分の給料を削ってでも入れなさい、ということだった。

業務・作業は、今までどおり年配者をどんどん使えばいいでしょう。

将来の会社経営や規模の拡大、組織運営を考えたとき、君は今34歳だから、ギリギリ今度の大学新卒者とはひと回りの年齢差になる。

社長である君が、兄貴分として新卒若造君を育てられる年の差だ。

ここらで君が、直接将来の幹部候補を入れておかないと、会社は君の年齢とともに衰退していくよ。

君にとっての弟分であり、将来の幹部候補生が将来、君の息子を育てることになるんだよ!!

今からでも遅くない。
大学に行って、大きな夢を語ってこい！

100人に断られても、1人ぐらいは君の夢に賛同する奴が出てくる。

君も気に入ったら採用すればいい。
選ぶのは君自身だ！

青年社長が聞いた。

こんな小さな会社に入ってくる奴はいますか!?

私はすぐに答えた、

君が、話十倍将来の夢を語れば、ひとりぐらいは変わり者がいるはずだ。

待遇で呼び込むな！

社長自らの夢で呼び込め！

将来性で呼び込め！

大卒がいいか高卒がいいか、という問題ではない。ここまでの年齢差12歳前後までがギリギリということだ。

君が30歳手前だったら、高卒でもよかったけど、君が34歳だからだよ。

この年齢の壁は、君は打破できても、部下は打破できないことを知っておくべきだ。

君だって、10歳上の先輩と酒を飲むより、同年代とのほうが気楽でしょう。

採用したら、朝から晩まで君がつきっ切りで使えばいい。

すると、君自身は肉体的には楽になるが、精神的には一番疲れるはずだ！

君の給料を削ってでも採用するわけだから、君だって真剣だよね！

そして青年社長、君が一番勉強になるはずだ！

今年・来年中に新卒若手を採用しないと、君の体力が落ちてくる5年後、絶対に後悔することになるぞ！

>>> 自分の給料を削ってでも新卒社員を入れろ！

◎将来を見据えて、経営者は夢を語れ！

従業員が1人～30人規模の中小企業の経営者は、なかなか新卒社員を採りたがらないものだ。人件費がかかるし、その分、自分の給料を増やしたほうがいいと思うのだろう。

しかし、「あなたの10年後はどうなっている？」、「このまま20年後も、ずっと同じようにいくと思っているの？」と心配になることがある。

このような経営者に警告しておきたいことは、今のうちから若い人をどんどん採用してあなたの代わりを育てておかないと、あなたが年とともに動けなくなったとき、若い人はだれも入ってこなくなるかもしれない、ということである。

現状ではたいした企業ではないと思っていても、とにかく若い人を採用して体質を鍛えておくことが大切だ。数名でも定期的に採用していけば、その中の何人かは必ず伸びてきてくれるはずだ。

中小企業では、経験を積んだ中途採用のほうが楽でいいと思っているかもしれない。しかし、私はあえて中小企業の経営者には、「新卒を採用しなさい」と言っている。新卒はまっさらだから、最初から叩き込むことができる。

とは言え、中小企業の経営者からは「うちみたいな零細会社に来てくれる新卒者はいません」というぼやきをよく聞く。しかし、これも行動することによって解決する。

待っているだけでなく、大学でも専門学校でも直接足を運び、就職活動セミナーに参加してみることである。そこで、話十倍、いや百倍の夢を語れば、ひとりぐらいは興味を示してくれるはずだ。

このような新人を、待遇で呼び込んではならない。中小企業や零細企業が待遇で勝負をしても、大手にはかなうわけがないからだ。では、どこで魅力を出すのかと言うと、自らの夢や将来性で呼び込むしかないのである。

◎兄貴分としての新人教育

次に、新卒の採用につきものの面接だが、私の採用基準は、見た目よりも、根が真面目で一所懸命な若者というものである。元気があって表情も豊かで、お客様にも受けがよければ、店舗が活気づくはずだ。

私は新人は、できれば「弟分」という関係で育てていくとやりやすいと考えている。彼らは素直だから仕事もスムーズに教えられるし、足りないところも兄貴分のような感じで指摘することができるからだ。

兄貴分だから、自分自身に至らない点があったとしても、ある程度は許されることもある。ただしこの場合、年齢差に限界がある。それが12歳である。ちょうどひと回り違いがギリギリではないだろうか。それを超えてしまうと、兄貴ではなく父親になってしまうからだ。

12歳以上もの年齢差がある場合、それぞれの価値観が異なってくるため、メッセージがきちんと伝わらないこともあり得る。またこの年齢差では、兄貴分というよりも経営者として対応して育てなくてはならない。

私もいろいろな若手と接しているので、15歳程度は年が離れていても指導できる自信はあるが、この場合は、私のほうは疲れなくても相手はかなり疲れるはずだ。

やはり、教わる立場にしても、年の離れた人と一緒だと肩が凝ってしまうのだろう。だから、自分が兄貴分として育てていきたいならば、あまり年齢差のない人がベストだろう。

逃げることは恥ずかしいことではない！

あるアソシエイトのご両親が、私のところを訪れた。

ご両親が、心配して息子に電話をしても、息子は「大丈夫だから……」と言う。

そして、「自宅には来ないでくれ……」と言うとのこと。

親として、どうしたらいいのか!?

居ても立ってもいられない……と言う。

ご両親はわざわざ私に会いに来るし、そして嫁さんの実家も大騒ぎらしい……。

また、息子は今後、どういう処遇になってしまうのかも心配らしい。

ご両親から、絞り出すような声でこんな言葉が出てきた……。

最初の就職先は途中で辞めてしまい、だらしなかった息子だったが、サトカメに出会ってまじめに働くことを覚えて、店長にまでさせてもらって、結婚までできて……。

10年もサトカメでお世話になってきたのに……これからというときに本当に情けない……。

親としてどうすればいいのか……を聞きに来たと言う。

そんな心配顔のご両親の顔を見て、私は笑い飛ばしてあげた！

そして、私は言ってあげた！

そんなに心配することではないですよ！

息子さんは、息子さんなりによくがんばっていたし、たかだか1週間、1ヶ月、3ヶ月、半年、1年サボったぐらいでどうってことありませんから、心配しないでください、ハハハハハ（笑）

私たちは、笑顔でいつまでも待っていますよ！

そんなに心配することはない！

彼は彼なりにがんばり過ぎた証拠ですよ。

部下育成に家庭に、そして社会的責任……。

自分自身のレベル以上に責任を抱えてがんばり過ぎちゃった証拠です。

だから、その反動なので心配は要りませんよ。

元々サトカメは、10年20年30年という長いスパンでアソシエイトの育成を考えていますから、その中のたった1ヶ月サボったなんていうのは、たいしたことではありません。

それよりも今の経験は、彼の今後の財産になると思いますよ。

人間は、辛くなったら逃げていいんですよ。

逃げることが最大の防御ですから。

逃げないで立ち向かうのもけっこうですが、人間そんなに急に強くはなれません。

とにかく、がんばり過ぎると、かえってうつ病になりますから注意してください。

そこを彼は上手に逃げたわけですから、自分自身を守ったのです。

それでいいんですよ。

自分を守れるのは自分しかいませんから、まわりがとやかく言うものではありません。

仲間の店長や部長も心配して、一所懸命彼と関わってくれています。

彼らももう子供じゃありませんから、ひとりの大人として、社会人として戦っているんですよ。

彼らに任せましょうよ。

それが、親離れ、自立じゃないですか、
それが成長じゃないですかね。

だれだって、そういうときはありますよね。

お父さんだって、散々逃げてサボってきたんでしょう?

弱い奴の気持ちがわかる、芯の強いまじめな店長へと成長していきますよ。

絶対に、この経験が人を伸ばすんですよ。
だから、逃げられるところまで逃げろ!
そして、気づいたら全速力で戻って来い!!

決して遠回りではないから心配するな!
その挫折が、人間の幅を広げるのです。

お父さんお母さんも、どうしても心配なら、息子さんのところに顔を出して、親として心配しているところを彼に見せてあげてください。

彼は彼なりに、こんなに心配してくれている親の姿を見て気づくはずです。
感じるはずですよ。

——って言ってあげた。

ご両親もホッとした顔になり、「そうですね、ありがとうございます」と言って、元気に帰って行った!

ここまで入り込むのが、中小企業ならではの人材育成法です。

大手気取りの短期的なドライなつき合いでは、普通の子は絶対に育ちません。

われわれの会社に入ってくる普通の子たちを、10年20年30年という長いスパンをかけて自立できるプロに育てる。

それが、サトカメ流の人材育成法ですね!

>>> 逃げることは恥ずかしいことではない！

◎常に長いスパンで考える

経営とは、常に長いスパンで物事を見ていかなければならない。決して短期で考えてはならない。要するに、遠い将来のことまで見据えることが大切なのだ。目先だけで、損をした得をしたと判断することにはあまり意味がない。

たとえば目先だけで考えたら、長期にわたって休んだ社員は即クビ、ということになるが、休んでいる人が優秀なら、たとえ長期休業があったとしても復帰後、最終的には会社に利益をもたらすからである。

とは言え、私も昔からこのように長い目で見られる人間ではなかった。このスタンスになったのが、30歳ぐらいのときのことだ。中国二十四史のひとつ、65巻になる晋の陳寿撰『三国志』をマンガで読んで以来のことだ。

ここでは、たとえば戦争で負けたとき、次はどのように戦さに臨むべきか、というようなことが書かれていた。何と、戦力を補強するのではなく、生き残った子どもを、大きくなるまで教育し、育て、鍛えてから、やっと30年後に戦いに行くとあった。

それを読んだとき、さすがは大陸的な発想だと感心したが、同時にあわてることはないと安堵したものだ。今はダメでも、たとえ負けているように見えていても、最終的に死ぬまでに勝てばいいいと思ったからだ。

◎逃げたければ逃げてもいい

目先の利益はもちろん重要だから、もし大切なスタッフが長期にわたって休んでしまうと困るのだが、しかしその人がいない間は別の人にがんばってもらうことになる。そして、休んでいる人には、「長いスパンで自分自身の人生を考えなさい」とアドバイスするようにしている。途中で挫折するときがあってもいい。挫折して、逃げるときは逃げなさいとも言っている。もし、それがサボっているのだとしても、1年も2年もサボっていれば、本人自身もいつかは気づくはずだ。私にもそのような経験があるからよくわかる。

だから、人生を長いスパンで見たとき、だれでもサボるときもあると受け止め、そこで我慢して育てることだ。無理矢理働かせてノイローゼになるよりよっぽどいい。そして、本人も悩んでいることと思うが、逃げるということは決して悪いことではなく、今までがんばり過ぎた反動と考えるのである。サトーカメラでは、1年間休んでいて復帰した人すらいる。

ひとりの人間が一生かけて稼ぐということを考えると、1年ぐらいサボったってどうってことはないのだ。20年、30年単位で考えているから、30年間のうちの1年ぐらいは何ともないと考えている。また、本人にとってもいい経験になるし勉強にもなるはずだ。叱咤激励して追い込んでも何にもならない。

私は、人を追い込む経営はしていない。経営者としては、ときには数字で追い込むことはあるが、人間的に追い込むことは絶対にしてはならないと考えている。

仕事の技術についてはいくらでも教えている。技術を教えれば売上げはアップしていく。ところが、技術を教えずに「自分で考えろ」と言ってさらに人間性を否定してしまうと、そこで働く人は育たないし、ノイローゼにもなってしまう。

人を縛りつけるのが仕事ではないし、奴隷にするのが仕事でもない。従業員が転職しても、別にそれを恨む気もない。「これまで育ててきたのに裏切ったな」などと恨んではならない。転職してしまっても、激励して送り出してあげることだ。

もしかしたら、また5年後に戻ってくるかもしれない。あるいは、今度はよきお客様として来店してくれることもあるし、よい仕事を持ってくることがあるかもしれない、と考えるのだ。

今の大手を見習っていては、優秀な人材は育ちません！

今の大手チェーン店を見習っていたのでは、優秀な人材は育ちません。

人材育成というのは、ダメなことをダメと言うだけではダメなんです。

働きの悪い人をリストラし、できのいい社員だけを残すと、結局、できのいい社員の働きまで悪くなるのです。

いい人材だけを残すという発想では、絶対に会社は回っていかない。

そして、幸せにはなれない。

たとえば親が、できのいい子とできの悪い子にお小遣いで差をつけたら、兄弟の仲はよくなるわけがない。

できの悪い子の面倒をよく見てあげるのも親の責任だし、それが社会であり家族なのだ。

また、それが組織であり会社だと思う。

能力10の人が、能力3の人の3倍以上の給料をもらうということ自体が間違っている。

能力10の人だって、能力3の人や能力5の人が作業や業務を手伝ってくれるおかげで、能力10を発揮できるんです。

それが、組織であり会社だと思う。

それを勘違いさせてしまうのが、極端な給料の格差なんだ。

この極端な給料の格差が勘違い人間を生み出し、

弱い立場の人の気持ちがわからない、最終的にはお客さんの心がわからない人材を育ててしまうのです。

長期的に人材の育成を考えれば、たしかにすぐに伸びる人とあとからぐんぐん伸びる人がいる。

だから、人材を長期的に養成しようと考えるなら、給料に2倍3倍の差をつけることは、絶対に向かないと思います。

ここで、切り捨てる発想の大手と育てる発想の中小企業の違いが出てくるのです。

たしかに、入社時は優秀でもない普通の子たちばかりだが、10年かけて大手の優秀な人材にも勝る行動力のある戦略家を育て、そして、人間味溢れる人材に育て上げ、長期的に経験や体験をさせて学ばせることで、弱い人間の気持ちがわかる面倒見のいい人材に育成していくのです。

それが、われわれ中小企業の人材育成法だと思います。

間違いなく、大手の30代40代のセールスマンや主任、係長クラスとわれわれの10年20年選手とを比べてみれば一目瞭然ですよ。

サトカメの店長のほうが、たしかに入社時は優秀ではなくても、今では自由闊達、心技体、愛嬌も含めて格段に人間味溢れるすばらしい人材に育っていますよ。

いわゆる、一般常識が通用しない「変人」ばかりですけどね。

これが、長期的に育てる中小企業と短期で人を切り捨てる大手の違いだと思います。

人材育成も、今の大手を見習っていたのでは優秀な人は育たない、っていうことです。

◎それぞれの役割が大切

仕事にはさまざまな役割分担があり、どれが一番偉くて、どれが役に立たないということはない。すべての仕事が大切であり、必要なことなのだ。それを、経営者もスタッフもよく認識し、社員全員で協力し合うことが重要なのだ。

当社で言うなら、写真を焼いている人は機械を操作しているわけだから、1円も稼いでいるわけではない。ところが一方では、カメラをガンガン売っている人もいる。「今日は50万円売れた」、「30万円売れた」と言っているわけだ。そのときその販売員が、「俺はこんなに利益を上げているんだから、内勤より給料は上だよな」と考えるようになったら、おかしなことになってくる。なぜなら、内勤の人がきちんと仕事をしてくれているからこそ、安心してカメラを販売することできるからだ。受付の女の子がきちんと受付をしてくれるからこそ、自分自身の仕事に専念することができるのである。

コーヒーを飲むのだって、カップがあるから飲めるわけである。器があるからこそ、ラーメンが食べられる。カップや器そのものは、食べたり飲んだりすることはできないが、それがあるからこそ、飲むことも食べることもできる。だから、見た目は能力が10対5対3に分配されるとしても、このようにさまざまな能力の人が集まるからこそ組織なのだ。

◎働きによって給料に差をつけてはならない

たとえば、野球に置き換えてみると、一般的に2番バッターは送りバントばかりさせられるため、打率はよくても2割8分ぐらいだろう。一方1番バッターは、ガンガン打って走れるから、当然のことながら打率が上がる。そして、3番バッターや4番バッターが、なぜ打点を上げられるのかと言うと、2番バッターが出塁した1番バッターをきちんと送っているからである。つまり、地味な役割をはたしている2番バッターのおかげなのだ。ピッチャーで言うならば、中継ぎ投手かもしれない。中継ぎ投手は、毎日のように投げさせられても、めったに勝ち負けがつかないため、割に合わない地味な存在だ。

一方、脚光を浴びる先発投手は目立つ存在である。だからと言って、先発投手の給料ばかりがよければ、中継ぎ投手はやっていられなくなる。中継ぎ投手あっての先発投手なのだ。

格差社会という言葉が流行っているが、格差をつけすぎるからおかしくなっていくのだ。

一般企業で、給料に3倍も4倍も差をつけるというのは、私は賛成することができない。

朝礼は、社員教育とは言えない！

大手チェーンの社員教育は、もっぱら幹部を育成するためのものではない!!

いくら教えたところで、3年後にはバイバイ……。長く働かれたところで、給料が払えなくて困るという、労働生産性を上げるだけの経営方式をとっている以上、社員教育とは、決して幹部に育てるための教育ではないのです。

たとえば朝礼だが、朝礼のときに全員で、「がんばるぞ!!」、「やるぞー」、「ハッピーですか!」、「今日も元気に、お客様をハッピーにしましょう!」など と大声を出して、元気な朝礼をやって話題にもなっているが、10分や20分で何の教育ができるのか!?っていうことです。

それは教育ではなく、店の雰囲気づくりであって、社員教育とは全然違うのです。

社員教育とは、それこそ何十年もかけて与え続け仕込み続けるものです。

大手チェーンの場合は、幹部を教育するのではない。

最初から選ばれた優秀な人材を集め、そのコースに乗せるのです。

つまり、幹部コースに進んで教育を受けられるのは、限られたごく一部のエリートだけなのです。

そして、地元採用の大半の普通の子たちは野放し状態です。

だから、年齢とともに未来に夢も希望も持てない生活を送ることになるのです。

その結果、人生の大半を占める仕事に対しては、とにかく我慢をして生き延び、わずかな休暇に趣味を楽しむ生活が待っているのです。

それでは、人生がもったいないと思いませんか?

でも、サトカメは違います。

全員にチャンスを与え、全員に教育を与えます。

その教育そのものを受けることが嫌な人材は辞めていきます。

たとえ最初は嫌々だったとしても、続けることで面白くなっていった人間だけが残るのです。

私たちは、地域の子たちを預かった以上、３年後にバイバイ……なんて、一切考えていません。

そこから、ひとりでも多くの幹部が育ってほしい。

そこから、ひとりでも多くの専門家が育ってほしい。

そこから、ひとりでも多くの、社会で活躍できる自立した人間が育ってほしい。

サトカメで学び、実家の家業を継いだアソシエイトもたくさんいます。

われわれ経営者が、アソシエイトに教育を与えない限り、普通の子が自然に育つわけがない。

社会に出て自然に覚えるのは、サボることと誤魔化すことぐらいです。

こんなに、夢と希望に満ちた地域の子たちを預かっておきながら、教育を与えず使い走りでコキ使って、その場しのぎの「ハッピーですか!」なんていう雰囲気づくりなんかで誤魔化しはしない。

ひとりたりとも使い捨てるような真似はできません。

地元の普通の子たちに夢と希望と技術と知識を与えて教育し、社会で役に立つ人間をひとりでも多く育て続けることが店の成長であり、会社の成長だと考えています。

◎教育する時間をきちんと設けることが大切

大手チェーンの社員に対する教育時間を調べてみると、1年間で約12時間、つまり1ヶ月に1時間となっている。大手チェーンにおける教育とは、業務と作業の見直しなので、1ヶ月に1時間も勉強すれば十分ということだろう。

この考え方を基盤にすると、中小企業はその半分でいいという発想になるが、サトーカメラの場合は店長レベルで1ヶ月30時間、副店長レベルで20時間、パート・アルバイトレベルで10時間という勉強時間を設定している。

大手は、なぜ1時間なのかと言うと、業務と作業を教えるために、もう一度見直すだけなので1時間ですむわけである。たとえば、「包装はこのようにすること」、「この商品はこのように使うこと」など、社員に対してもう一度業務の確認をするのである。しかし、われわれは違う。

まず時間をつくり、曜日を決めて徹底的に教えて話し合う。

◎社員一人ひとりが自発的に取り組む勉強会

勉強会のやり方については、さまざまな取り組み方があると思うが、最初はまず、経営者の考えを理解してもらうことである。そのためには、一方的でもいいし社員が受け身になってもいいから、会社の理念や思想を共有化することだ。それができていないうちに、社員の意見を聞いてはならない。なぜなら、彼らには土壌ができていないからである。その土壌ができてから、スタッフには発言してもらうようにするべきである。何事も、最初はインプットが必要だ。ここで、完全にトップの考え方を理解してもらうのだ。そうすることによって、社員一人ひとりの方向性が同じになっていく。

部下教育のやり方として、最初は中身はどうでもいいから好きなことをしなさいと言っている。もちろん、毎週長時間の勉強時間が設けられているため、しだいにネタがなくなってくる。それなら現場を見に行きなさい、と言う。

その結果、問題が数多く横たわっていることに改めて気づくのである。それを、片っ端からメモにして課題を考えるように指導している。そして、その改善方法を教えるときもあるし、一緒に考えようということもある。こうして、教育時間の枠だけは決めておき、そこから先は自分たちで試行錯誤をしながら勉強会を継続していく。ときには、外部から講師をお招きするなどして、新しい発想を取り入れることも大切だ。

部下育成は個別対応に限ると実感した！

2月の新店、サトーカメラロックタウン佐野店の店長と副店長立候補者の投票を、新年のあいさつ回りをしながら、1票1票預かっている最中です!!

そんな中、宇都宮本店勤務の新人生山君が一大決心で、何と副店長に立候補！

そんな彼から、「まだろくに何にもできないが、一所懸命勉強するから、副店長に投票してほしい」という演説FAXが各店に届いていた！

自分の父親や友人を見返したい、認めさせたいという渾身のFAXだ。

入社当初は、やる気のない醒めた今どきの青年だったが、宇都宮本店・湯沢店長の下、8ヶ月足らずで一所懸命でまっすぐ、素直で前向きな青年へと少しずつ変貌していった。

本店湯沢店長の指導力には本当に頭が下がる思いがした。

そして、またまた驚かされたのが、宇都宮細谷店勤務の同期の新人岡部君だ！

正月、宇都宮細谷店の投票を預かっていたところ、新人の生山君への投票が多いようなので、「なぜ？」と竹原店長にたずねた。

すると彼は、うちの新人岡部君が一所懸命、同期の生山君のよいところとすばらしいところをみんなに伝えたらしい。

新人岡部君自ら、同期の生山君に投票するように、みんなにお願いしていたらしい。

みんなも、新人岡部君の話を聞いて生山君のいいところを知ったので投票したと言う！

入社当時は新人生山君とは逆で、「同期には絶対に負けません」と息巻いていた、負けず嫌いのあの岡部君が!!

今の時代、人の足を引っ張ったり、ましてや同期なんていったら、追い越されることを嫌がったり裏で悪口を言うような人が多い中、岡部君は素直に、勇気を持って手を上げた同期の生山君を尊敬し、裏で応援している。新人岡部君の行動は尊敬に値する。

また8ヶ月足らずで、そういうすばらしい、素直で前向きな思考の人間に育て上げた竹原店長にも頭が下がりっぱなしだ。

やる気のない人間の長所を見つけ出し、やる気にさせる店長！

身のほど知らずには身のほどをわからせながら、長所を伸ばす店長！

やはり部下育成は、個別対応で集中して素早くじっくりとですね！

新年早々、2人の新人の行動とそれを支えるまわりのアソシエイトと店長の指導力は清々しかった！すばらしかった!!

結果はどうであれ、長期的に見れば、これはすばらしい経験だ！

◎一人ひとりの個性に合わせて教育をする

社員教育の根本は、子どもの教育と同じである。その育成方法は、一人ひとりの子供の個性に合わせていく。子供の性格はそれぞれ違うため、その子に合った教え方をしてあげることが鉄則である。

子育ても社員教育も基本は同じで、最終的には「自立させること」である。自分で考えて、自分で行動できる人間に育て上げることだ。社員教育では、経営者が指導者を育て上げる。店長というのは指導者だから、彼らが一人ひとりの部下を個別対応で育てるわけである。私は、１５０人の社員全員に対して個別対応をしている時間がない。だから、私自身は店長、副店長レベルを個別対応で指導している。

◎個別対応をする場合の相性

個別対応をしていくには、店長と社員との相性も加味することだ。あえて似た者同士を組ませる場合もあれば、まったく逆の性格の人同士を組ませる場合もある。

似た者同士を組ませる場合は、上司に似た性格の新人をつけることによって、店長が過去の自分を発見することになるため、自分自身を知るきっかけになる。たとえば、「いくら言ってもやらない、使えない」と店長が悩んで、私のところに相談に来ることがある。よく話を聞いてみると、「昔のお前と同じだ」ということになる。「昔、入ったばかりの頃のお前に似ているんだよ。だからわざと配属したんだよ」と伝える。昔の自分に似ているために、自分自身を発見すると同時に、その新人への対応の仕方もわかるのである。そして、育て方として楽なのは、タイプが似ている場合である。これは体育会と同じで、似た者同士のほうが、ひとたび心が打ち解けると対応がスムーズにいくようになるからである。

一方、タイプが逆の場合は、お互いに補い合える部分があるため、それぞれが助かる場合が少なくない。このような、タイプに合った配置をするのも経営者の役割である。そのときの店長のレベルや状況に合わせ、さらに入社した新人を見てから決めていくことになる。

スタッフの成長度合は、少し動きを見ればわかる。ほんの30秒ぐらいしか話さない人でもだいたいわかるものだ。長年、時間をかけて育ててきたスタッフのことは、すぐに理解できるからである。

「しつけ」るのはまわりの大人や先輩、会社の役目です！

毎年、わが社の新年会などで活動するコミックバンド（?）改め、ロックバンド「サトカメオールスターズ」（SAS）がある。

今回も、サトカメ新年会を前に練習を再開し、新メンバーも4名加わり、9人という大所帯になった。

このバンドは、毎回やりたいアソシエイトが、好きなときに入れる気軽さと自由な感じがいい。

固定メンバーは、私を含めて5名で、あとはその時々でメンバーが入れ替わるフランクなバンドです。

新年会までに5回ぐらい、夜10時から夜中の12時まで練習し、曲目を決めて流れをつくり上げます。

練習は、至ってまじめそのものです。

その中で、今回メンバーに加わりたいと直訴してきたのが、頼もしいギタリスト、新人岡部君！

第150話「部下育成は個別対応に限ると実感した！」（168ページ参照）の中でも紹介した逸材と、さらに若造赤羽根君だったが、1回目の練習では練習風景を見に来ただけ（?）だった。

そして、2回目の練習日は忘れた？　来ない？　行けない？　いったい君は何様だ？

さらに3回目の昨日。やっと全員が集まっての練習で、準備万端で暗譜してきたと思っていたら、一番最後にスタジオ入りして、全然暗譜もしていなければ曲目も知らないと言いやがるガキ2人？

テメーら、何様だ!!

さすがに怒鳴る！

縦社会とか体育会系とか、そんなレベルの話ではない。

365日24時間、いつでもどこでも、何をやっても学びの場。この楽しい練習も社会の勉強の場だ!!

私はよく、「長所を伸ばし短所は気にするな!」と言うが、世の中にはそれとはまったく違う、人として社会で生きるために必要な勉強がある。

人の生活の中には、「しつけ」というものがある。

その最低限のルールは、身につけるときにはたしかに面倒で、多少なりとも根気が要ります。

この「しつけ」や「倫理」といった基本があってこそ、伸ばせるのが長所なんだよ。

「しつけ」とは、人の迷惑になることをしたり、道徳に反する態度をとることを戒めることです。

そんなときは、まわりの先輩や大人が直接叱りつけないと、本人はわからないのです!

「しつけ」は子供のうちから学ぶものなのだが、今どきはまわりの大人も、親も親戚も子供を甘やかし放題で、先輩後輩の関係もない状態で、自由奔放と自分勝手を履き違えて育てられています。

今さら、そんなことをぼやいても仕方がないが、これはいつの時代でも問題になることですよね。

そこで、「しつけ」を軽視する大人は絶対に大成しないことを知りました。

私は、「自分の長所を伸ばし短所は目をつぶれ!」、「長所をさらに伸ばせば短所は見えなくなる!」とか、「自由」、「フランク」という言葉をよく使いますが、それは人に迷惑をかけてもいい、自分勝手に生きていいということではない。

そんなものは、「自由」でも「個性」でも「長所」

でもない！

社会生活において、「しつけ」を身につけさせるには、まわりの大人や先輩が気づいたとき、その場で叱らなければ本人はわからないのです。

それを繰り返すことで、少しずつ身についていくものなのです。

もちろん、新人岡部君も若造赤羽君も、私に怒鳴りつけられても、悪びれることなく邪魔にならないように、別室でせっせと練習しているところはすばらしかった。

彼らが悪いのではない。
彼らはみんな、すばらしい子だ！

その子にきちんと「しつけ」るのが、まわりの大人や先輩や会社の役目ですよね。

「しつけ」は、まわりの大人が行なうべし！「しつけ」を軽視する人は大成しない。

▼▼▼「しつけ」るのは、まわりの大人や先輩、会社の役目です！

◎しつけられていないから、わからないだけ

今の若い人を見ていて感じる欠点は、彼らが自分のことしか考えられず、自分の主張だけしかしない、ということだ。つまり、相手の立場や事情が考えられないのである。

とは言え、これは若い人ばかりが悪いということではない。単に彼らは、教えてもらっていないだけなのである。自分のことしか考えられないというのは、相手の気持ちをくむことができないということだ。しつけとは、思いやりの心を育て、他人がどう思っているか、相手の心を考えさせることなのだ。

つまり、彼らはしっかりしたしつけを受けていないのだ。今まで教えてもらうチャンスがなかったし、親も学校も教えてこなかったのである。だから社会人になって、教えてあげさえすれば、もともと頭は悪くないためきちんとできるのである。

教えてもらう場がなかったというのは、不幸なことだ。手前味噌になるが、わが家では息子が3歳ぐらいの頃から少林寺拳法を習わせていた。先生は、私の父親以上に父親的な私の

恩師だが、息子はよく叱られていた。また、中学で野球部に入ったら、監督やコーチなどの大人が叱りながら、世の中の常識や礼儀を叩き込んでくれた。このように、子供の頃から大人と交流していれば、自然としつけが身につくのである。

◎会社全体でしつけよう!

若者のしつけがなっていないことを、親や学校の問題にしても仕方がない。子供のしつけは親の責任と言われるが、子供はなかなか親の言うことを聞かないため、親よりも第三者のほうが効果的である。

とは言え、今の若い人たちは大人と交流した経験が少ない。小さい頃から、自分と同じ世代の子供たちだけと遊び、テレビゲームやインターネットばかりでは、大人の世界の礼儀などは学ぶ機会がないのは当然だ。

つき合いはいつも友だちばかりで、大人と接するのは、せいぜい親か先生ぐらいのものだろう。しかも最近では、親も先生もかなり甘いときている。

そのような環境で育ち、いきなり社会人になって現場に配属されるのだから、たまったものではない。話し方ひとつ、お辞儀の仕方ひとつから教えてあげなくてはならない。

昔、子供たちのしつけは、親だけではなく近所のオヤジたちの役割でもあった。「このガキども、何をしているんだ!」と雷を落としていたのは、まわりの大人たちだった。今の世の中では、会社というところが、社会人としてのしつけの場ではないかと考えている。

そこでサトーカメラでは、飲み会も含めてどのようなときでも、彼らをしつける場と考えている。社会の上下関係や先輩後輩関係も含めた、しきたりや礼儀を大人が教えてあげなければ、子供たちはいつまでたっても、常識や礼儀を理解することはできないからだ。

◎叱り方にもコツがある

もちろん、叱りっぱなしではなく、叱ったあとはきちんとフォローすることが大切だ。なぜ叱ったかを本人が納得するまで説明し、もう一度やり直しをさせるのである。ここでも、ロールプレイングをしながら教えるわけである。仕事の作業を教えるのと同じで、私はみんなの前でも陰でも叱るようにしている。そして、叱ったあとは必ず褒めるようにしている。その部下の長所をよく知っているからだ。

だから、まず人前で叱れるだけの人間関係をつくっておくことが大切だ。みんなの見本になるように、人前でドーンと叱っておいて、終わってからフォローしてあげることだ。そのような人間関係ができていれば、叱られても彼らはうれしそうな顔をする。「バカ野郎!」と叱ると、他のみんなは固まるが、言われた本人は案外うれしそうな顔をしているのだ。

part 6

気づき、学ぶから成長する！

「ゆうじ」さんを尊敬する私！

中学3年生で、テニス部に所属する娘「なっち」も、高校2年生の息子で硬式野球部の「ゆうじ」も、学校は夏休みに入っている！

そんなある夜、おもむろに「ゆうじ」の通知表を見直してみた。

入学時から続いている、無遅刻無欠勤の皆勤賞。

硬式野球部で、朝から晩までのハードな練習の毎日にもかかわらず、学業のほうも上位に入る成績だった。

さすがは、尊敬できる「ゆうじ」さんだ！

しかし昨年の夏、「ゆうじ」に、こう言われたことを思い出した。

「うちの高校って、勉強している奴なんていないんだよ！　学校で勉強なんかしていたら、バカにされるだけだよ!!」だって。

ハハハハハッ……そうかそうか。そんなことは百も承知だ！

私が不良少年時代に通った母校に、わざわざ入学させたんだからね。

なぜ、入学させたかって？

実は、県内NO・1の歴史ある名門商業校である、わが母校の102周年式典の記念講演の依頼が、何とこの私に来たことからすべてがはじまった！

高校時代は、「わが校の恥」とまで言われ、進学も就職もさせてもらえなかった不良少年が……。

社会で活躍する大勢の大先輩方を差し置いて、いきなり白羽の矢を立てられたのがきっかけでした！

それが縁で、校長、教頭、教務主任の先生方と仲よくなり、講演後の雑談で、「母校は硬式野球部の名門校、しかし、ここ20数年間甲子園への出場はご無沙汰だ。そろそろ、名門復活といきたいですね！」などと、調子に乗って言っちゃった私。

それならば、わが息子「ゆうじ」を入学させようと、いつもの調子で盛り上がっちゃったのだ！

もちろん、家に帰ったら「ゆうじ」も「ママ」も大反対だった！

しかし、何とか説得して、私の意見に渋々賛同してもらった。

そんななか本人は、当時の中学校の担任や進路指導の先生からは、傷つくぐらい猛反対されたらしい！

「なぜ、こんなに成績が優秀なのに、もっと上のレベルの高校をめざさないのか！　もっと努力すれば、県内NO．1の進学校にも入れるのに！　上をめざして努力しないのはずるい男だ！」

とまで言われたらしい。

ふだんから学歴社会を馬鹿にしている私にとって、進路指導の先生の話は非常に耳障りだった。

私は怒った！

何が、上のレベルだの下のレベルだのと言ってやがる！

上のレベルの学校をめざして行き着いた先があんたレベルかい！　って。

「ゆうじ」の手前、「オヤジ」は心の中だけで叫んでおいた！

それでも最後には、「ゆうじ」も「ママ」も、「オヤジ」の考えに賛同してくれた！

だから、昨年の夏「ゆうじ」に言われた、「うちの高校で勉強している奴なんていないよ！ 勉強なんかしていたら、バカにされるだけだよ！」という発言は、母校を薦めた親として、すごく心地よかった！

バカだなあ「ゆうじ」。だから言っただろう！「オヤジ」は、なぜ母校を薦めたのか！

普通の人ならば、みんなが勉強していれば、だれでも勉強するんだよ。

普通の人ならば、みんなが遊んでいれば、だれでも遊ぶんだよ。

だから、普通の人なんだよ。

みんなが勉強しているところで、勉強することはだれだってできるよ。

みんなが勉強していないところで、勉強することがすごいんだよ！

社会に出たら、ほとんどの社会人は勉強なんかしなくなるんだよ。

だって、たくさん楽しいことがありすぎて、勉強なんかしている時間なんてないんだもの！

それこそ、勉強なんかしていたら笑われるんだよ！

若いうちは遊べ！ って言われるんだよ！

そして気がついたら、ずーっと遊んでいるんだよ！

しかし、そんななかでも、気づいた奴は「オヤジ」みたいに勉強するから……ね。わかるだろう！ エッヘン！

いいかい「ゆうじ」。どんな環境に置かれても自分は自分。周囲のせいにするなよ！

今から社会勉強をしているわけだから！

まわりに流されず、しっかり勉強しておけよ！

学校のレベルが上か下かなんて、いったい何の意味があるのか？

子供たちに「悪い大人の見栄」ばかりを植えつける義務教育の先生をさらっと受け流し、「オヤジ」に賛同してくれた「ゆうじ」。

この状況の中でも勉強しているということは、すでに普通の人ではなかった！

「ゆうじ」が決めた高校生活の行動指針

①3年間硬式野球部を続けてレギュラーを取ること

②3年間無遅刻無欠勤の皆勤賞を取ること

③学業は、学年で常に5本の指に入ること。たまにサボって10本指でもいい

④「オヤジ」が言う、社会で大切なお金を扱う「会計学」をしっかり身につけること

⑤上記を3年間通すことで、学校長から特別推薦をもらって大学に入ること

改めて学ばされる。

どれをとっても、社会で一番大切なことばかりだよね。

◎勉強って何だ?

勉強が好きですか? と聞くと、ほとんどの人は苦笑いをする。勉強と言うと、机に座って先生の退屈な話をあくびをかみ殺しながら聞くというイメージがあるが、それは私の言う勉強ではない。私もその手の勉強は大の苦手だ。学生の頃は勉強嫌いで、授業をよくさぼったものだが、今では私は大の勉強好きで、いつも勉強をしている。

私が言う勉強とは、すべてにおいて自分自身の頭で考え、それを仕事や人生に役立てる、ということだ。つまり、常に考える癖をつけることが私にとっての勉強なのだ。

われわれの目の前では、常にさまざまな現象が起きている。そのとき、「なぜ、あの人は怒っているんだろうか」、「なぜ、ここにこれが落ちているんだろうか」と考えることが勉強なのだ。

もし、目の前に油が垂れていたら油を拭くが、ただ垂れている油を拭くというのはしつけの結果でしかない。それはそれですばらしいことだが、単に拭くだけでは成長しない。拭いたあと、「なぜ、垂れているのか？」と考えながらあたりを見回してみる。上を見たら、天井に穴が開いていて油が垂れてくることがわかった。すぐに修理しなくてはならない。しかし、ここでまた「なぜ、穴が開いているのだろう？」と考えるのである。もしかしたら、そこに穴が開いているということは、大事故のきっかけになるかもしれない。そこで穴を補修することで、大事に至ることを防ぐことができるかもしれない。

考えるというのは、つまりこういうことなのだ。自分でとことん原因を究明していく。そしてそのことによって、よい結果を招いたり、危険な事故を防ぐことができるのである。何にでも兆候が隠されている。それを「考えること」によって勉強し察知するのである。

◎答えはひとつではない！

だれでも小学校、中学校と学んできたはずだが、学校での勉強では、答えはひとつしかない。

たとえば、国語のように少し抽象的なものでも、正しい答えはひとつである。そのため多くの人は、この人生においてもひとつの答えを探そうとする。しかし、人生においても社会においても、答えはひとつではないのだが、真面目な人ほどひとつの答えを必死になって探そうとする。

また、自分で答えを探し出したとしても、間違えることを恐れて、自分の考えを言わないようにしようとする。これなども、今の教育の弊害かもしれない。

大切なのは、自分がどう感じたかということと、疑問に思ったから調べていったらこんな結果が出た、という事実である。自分で疑問を持ったことに対して、とことん調べることが勉強だし、わからなければ聞けばいいのである。聞くこともまた勉強なのだ。そして、そこからさらに学ぶことだ。

すると、答えはすべて生活の中にあるということがわかるようになる。生活の中なら、自分が感じたことが答えになるからだ。仕事が勉強の場だとしたら、経営のヒントはすべてお客様にあると考えられる。

私はよく、自分が感じたことを言葉にしなさいと言っている。マーケティングでも何でもそうだが、答えがひとつしかないということはあり得ない。状況によって、時間によって、いろいろと答えが変わってくるからである。仕事には、常に「なぜ?」が必要だ。疑問を感じたら推察し、そして仮説を立てて調査をしてみるのである。

◎感じたことをメモする

もうひとつ大切なことは、自分が感じたことをまず言葉にする能力である。多くの人は、感じたことを適切な言葉にできないために考え込んでしまい、うまく伝えることができなくなってしまう。若い人は、とくにそのような傾向がある。言葉が出ないのは、明らかに言葉の勉強不足だ。

われわれの脳はコンピュータと同じで、インプットしていないものはアウトプットできない。だから、たくさんの本を読んで言葉や表現を覚えていくしかないのである。

テレビのバラエティー番組や漫画もけっこうだが、それればかりだと、いつまでたっても語彙が増えていくことはない。だから、積極的に本を読むことも必要である。

私は、講演で地方都市に行っても書店に寄って、そこで必ず1冊は買い求めるようにしている。1ヶ月で10冊ぐらいは読んでいることになる。

また、行動指針を書く癖をつけることも大切だ。これを書くことによって、自分自身の考え方や方向性がぶれなくなってくるからだ。これは、アソシエイトにも子供にも同じことを言っているし、実行させていることでもある。

今年やるべきことを、正月に手帳に書き出していく。たとえば、商品部の見直しやホームページの改変、さらに社内販売の充実など、ただ気がついたことを書いていくのだ。常に、それを見直しているわけではないが、あとからたしかめると、そこに書いた項目はほぼ実践されていることがわかる。

師がいると見識が狭くなるよ！

東京在住の武闘派営業マンさんより、ありがたいメールをいただきました。

本日、月刊『商業界』最新号を読みました。と言っても、まだ最初のほうだけですけど。

前回のサトカメ湯沢店長の記事もよかったが、今回の竹原店長の記事（62ページ参照）も、本当にすばらしいですね。

「気づきのノート」は、早速参考にさせていただいています。

佐藤さんは、すばらしい部下を持って本当に幸せですね。

いや、そんなすばらしい部下に育て上げた佐藤さん自身がすごいのかな？

【佐藤勝人談】

ありがとうございます。

もちろん、私の教育がいいのだと思いますが……。

そう言いながらも、私自身はそんなことはないと思っています。

だって、どこでもだれに対しても、私は腹を割って同じことを大勢に教えているわけだから……。

やはり、「行動している竹原店長がすごいのかなあ〜」って思っています。

私は基本的に、師弟関係とか先生面をすることが、あまり好きではありません。

いつも言うことですが、

教えた奴が偉いんじゃないんです。
言った奴が偉いんじゃないんです。
考えた奴が偉いんじゃないんです。
知ってる奴が偉いんじゃないんです。
やった奴がすごいんです。
やる奴を増やさない限り、
幸せにはなれないのです。

だって、教えるほうはそれこそ何人にも、何百人にも、何千人にも、同じことを言っているわけだから、今さら先生面して、教えてやったような顔をするのが嫌なんですよね。

だから、私には友達はたくさんいても、特定の師みたいな人はいないんですよ。

だって、特定の人の言葉でしか
感じない、
気づかない、
学べないのでは
自然と見識が狭くなるんですよ。

日本には1億人以上の人が住んでいるのに、たった2、3人の師の言葉からしか何かを感じられないんじゃあ、もったいない。

だから私は、自分に関わったすべての人から、根こそぎ学んでいます。

最高の自己成長とは、
「教えることで教えられる」ことなんですよ。

だから私は、人に教えることで、すべての人から学びを得ているのです。

すべての人から学べるということは、すべての人に、必ず尊敬できる部分が絶対にある、ということなんですよ。

自分と関わった相手、さらにすべての人から学んで自分自身の成長に役立てています。

だから、お互いさまなんですよね。

社会では、見識の狭い人たちが上下関係をつくりたがっているが、人間には上下関係なんてないんですよね。

どんなに偉い人だって、
人間として見れば、
飯食って、糞して、居眠りして、
やってることはみんな同じ。
みんな同等なんですよね……。

だから、社会は面白いんですよ。

最高の自己成長とは、「教えることで教えられる」こと。

∨∨∨ 師がいると見識が狭くなるよ！

◎メンターを求め過ぎてはいないか？

一時期、「メンター」という言葉がはやり、多くの駆け出し経営者がメンターを求めていた。これを日本語で言うと、「師」と言ってもいい。伝統芸能などでは、師匠と弟子の関係がきっちりしていて、その関係性には美しいものがある。もちろん師は大切だが、私は少し異なった見方をしている。

と言うのも、師を尊重し過ぎると、自分の考え方や行動が縛られてしまう、ということである。誤解のないように言っておくが、師匠を敬うなと言っているわけではない。師を敬うことは当然のことであり、師から学ぶことはありがたいことである。

しかし、いつまでたっても師から離れることができずにいると、自分自身の見識が狭くなっていってしまう。その結果、いつまでたっても自分で考えることができず、常に師の判断を仰ぐ奴隷のようになってしまいかねない、ということである。

しかし、それではあまりにも視野を狭めてしまうことにもなりかねない。すべてのことに学びがある。子どもからも学べるし、隣のおじさんからも学べることを忘れてはならない。

◎偉いのは、やり遂げたあなた自身！

イチローを指導したコーチが偉いのか、あるいはイチロー本人が偉いのか、とよく議論される。コーチの力はもちろんすばらしいのだろうが、教えている人はイチローだけなく、何人にも教えている。ところが、芽が出たのはイチローだけ。つまり、よいコーチに恵まれることはすばらしいことなのだが、成功を実現したのは「その人自身」なのである。

私も教える立場なので、「ここまで育ててくれてありがとう」と人から感謝されることがある。しかし、「あなた自身がすごいんだよ。私は、あなたのお陰でいろいろと学ぶことができて助かった」と言っている。教える立場になるとわかるが、むしろ教える人がいることで自分が大きく学べるのである。同じように教えても、成果が出せるあなた自身がすごいのである。これを忘れてはならない。

◎嫌な部下も育成するから、嫌いな人がいなくなる

それでは、師の立場から部下や弟子はどのように見えるのだろうか。私も今では、すべての部下に対して信頼と愛情を持って接することができるようになったが、最初からそのよう

なことができたわけではない。

最初は、嫌な部下だと思うことも少なくなかった。本当に生意気なことばかり言うので、「あの野郎！」と腹の中では思っていたこともある。しかし、ただ嫌っているだけでは相手のことはわかるようにはならない。それに、経営者として預かった子どもと考えると、自分の子どもだと思えばいいと気づいたのである。自分の子供なら、どんなに悪態をついても可愛いものだ。

そこで、とにかく嫌な部下や苦手な相手に対しても、平等に耳を傾けるようにした。そのうちに、いろいろなことがわかってくるようになってきた。また、話を聞いていくうちに、その人が大きなコンプレックスを抱えているために素直になれず、関係性がうまくいっていないことなどにも気がつくようになったのである。

たとえば、ある人が他人の気持ちを逆なでするような言葉を使ったとする。そのとき、その言葉に反応するのではなく、「この人は、なぜこんな言葉を使うのだろうか」と考えてみるのである。そこで、あえて「なぜ？　なぜ？」と聞いてみると、いろいろな過去や複雑な人間関係があったことなどが見えてくる。それを知ったうえで、その人のことを理解しようとすると、どんなに頑なに心を閉じていた人でも、いつしか心を開いてくれるようになるのである。

「不言実行！　今に見ていろ！」という思いでがんばっております。

【佐藤勝人談】

「書くことのメリットをあまり感じなかった」とのこと……。

メリットって何だ？

自分が思い描いていた自分の利益か？
君にとってメリットって何だ？
みんなの反響か？
メリットって何だ？
自分に気づけ。

「自分自身、他人様にモノを語れるほどの……」とのこと……。

モノを語るって何だ？

若造ヨイチ君から学ぶ

【若造ヨイチ君談】

私のブログを覚えていてくれていたんですね！
驚きました。

私のブログは、半年ほど続けたあと、止めてしまいました。

先のブログで佐藤さんも、アウトプットの大切さについて書いておられましたが、私自身もその重要性を認識してはいるものの、書くことのメリットをあまり感じなかったからです。

自分自身、まだ他人様にモノを語れるほどの器でないという思いから止めてしまいました。

何かすごいモノがあって、そのモノを語るという発想が、若いクセして固い固い。

やっぱり、若いと頭が固いね。

そんな、助教授みたいな講釈なんてだれも聞きたくない。

毎日起きていることを、自分の目を通して普通に語ることで、読者も自分も学びがあるんだと思う。


「器ではないと思い……」とのこと。

器って何だ？


器って、自分ででかくしていくもんだよ。

器って、自分で広げて自分で恥をかきながら大きくするの。

最初はみんな小さいんだよ。

だから恥ずかしいんだよ。

その恥ずかしいことを知り、恥を楽しむ――それが学びだ！


恥ずかしいから止めたのでは、いつまでたっても器はでかくならないぜ！

「不言実行」とのこと。


不言実行で本当にやった人は、1%しかいないよ。

99%が、いつか見ていろと言って終わっている。

それくらい、人間って自分に甘いんだよ。


それなら、「有言実行」ならいいのか……。


有言実行だって、本当にやるのはせいぜい10%しかいないよ。

90%が環境に流され、ああだこうだと言い訳して、はかない夢として終わるんだよ。

そのくらい、みんなだらしなくて、自分に弱いんだよ。


仕方がないんだよ。それが人間だからね。

みんなそうなんだよ。

だから、

そう思ったら、
そう感じたら、
後回しにしないで、すぐやればいいんだよ！

片意地張らずに、
見栄を張らずに。

恥をかくのは当然だよ。
手抜き程度でもいいから、まずは気楽に続けるんだよ。

まずは、続けることを最優先で考えるんだ！

内容なんて二の次だよ！

頭のいい奴は、すぐに考えや意識から入ろうとするが、現場ではそれじゃあ遅いんだよ。

意識が行動を変えるんじゃない！

行動が意識を変えるんだ！

行動しているから、意識が変えられるんだよ！

まずは、動け！

そして続けろ！

意識が行動を変えるんじゃない！
行動が意識を変える。

>>> 若造ヨイチ君から学ぶ

◎まず、行動を変えてみる

仕事でミスをしてしまったとき、だれでも「すみません。明日からがんばります！」などと宣言する。それは、たいへんすばらしいことだ。しかし、言葉だけで謝罪して、いくらがんばると言ったところで、行動が伴わなければ信用されないし改善もできない。

まずは、行動を変えるのだ。つまり、意識が行動を変えるのではなく、行動が意識を変えることを体験していただきたいのだ。たとえ、本気で「がんばろう！」と意識したところで、気持ちの継続は三日坊主になってしまうし、第三者からすると、何の変化もないように見えるものだ。その結果、「あの人は口ばかり」と陰口を叩かれることになる。

それならば、思い切って早起きをして早朝出勤し、掃除から着手し、どんどん行動の改善を実行していったらどうだろう？　このような行動の変化は、傍目からもよくわかる。その人が本当に反省をして生活習慣を変えたことがわかるし、何よりもこのような行動は、癖をつけてしまうと、やるのが当たり前になる。

今、私がやっている朝の掃除も癖になってしまった。これを毎日習慣づけ、「意味なんかわからなくてもいいから、とにかく掃除をすること」と言っていると、やがて全員がやるようになる。

たとえ、本人は嫌々でも怒られながらでも3日続け、1ヶ月も続けていくうちに、掃除をすることが当たり前になっていく。つまり、明らかに行動が変わってきているわけである。

◎行動が意識を変える

日本で「道」と名のつく芸道は、昔から形式を重んじてきたが、形式や行動は、それを実践することによって意識を変えるのに役立つ。意識は、あとからついてくるものなのだ。

しかし、行動よりも意識のほうが上のように言う人がいる。形式や行動だけで、心が入らなければ意味がないと言うのである。たとえば、「仏作って魂入れず」などという諺もあるが、これは超越した人が言うことだ。何もできない人が言うのは100年早い。

まずは、きちんと行動ができて形式が整っていること。そのような行動ができるようになってから、最後の最後に魂を入れる。ピアノなどの演奏でも同じだ。ピアノを演奏するときは、心を込めて演奏しなければならないが、まずは、技術的に弾けることが前提である。ピアノを弾くことすらできず、表現をすることなどできるわけがない。だから、まずは技術を習得することだ。そして、そこでやっと心を入れる、つまり魂を吹き込むわけである。

◎具体的に行動を確認する

行動が意識を変えるということは、部下を育成していて感じるようになった。

私が部下に対して意見をすると、「はい、すみませんでした」と謝る。そこで、「それでは、今後どうするんだ？」と聞いて、今後、何をするのかを具体的に聞いてみる。

すると、部下は何をしたらいいのかを自分で考えて報告するが、それは自分ができる範囲でいいのである。明日からがんばると言ったなら、そのために何をしますか？　今日から気をつけると言ったなら、そのために何に気をつけますか？　など、具体的に行動に落とし込んで確認していくのだ。

たとえば、始業1時間前に会社に来てすべてのフロアを掃除する、でもいいだろう。お客様から呼ばれたら、大きな声で「はい！」と笑顔で答える、というようなことでもいい。無理なことは続かないから、できる範囲でいいから行動レベルに落とし込むことが大切だ。このようにして、1週間にひとつ行動を起こしていくと、1年間だと52アイテムも変わってくることになる。こうしてどんどん足していくと、3年後、5年後の変化はたいへんなものになるはずだ。

体験と経験は全然違うぜ！

経営や商売において、「体験」と「経験」という言葉が混同されています。

「体験」とは、いわゆる個人、自分ひとりがやってきたことへの追憶の対象です。

自分ひとりがいくらがんばったって、できる範囲も、できる時間も、できることも限られてくる。

しかし「経験」とは、多数の人々が、すでに成功やら失敗やらを繰り返し、そこから出てきた公約数であり、行動の原則だ。

経験主義者とは理論を学び、多数の経験者から学ぶために本を読み、セミナーに出て、そして現実の店を見て、店舗視察を繰り返してそこから学ぼうとする。

一方、体験主義者とは自分の体験のみを信じ、他人の経験からは学ぼうとしない方が多いようです。

だから、本も読まないし店舗視察もしない。

とくに、職人気質型に多いんです。

どちらがいいか悪いかではない。

しかし、「体験主義には限度がある」ということも知ってもらいたい。

井の中の蛙はマンネリに陥りやすい、っていうことです。

ところが経験主義だけだと、口だけ、頭だけのバーチャル的人間になってしまう場合がある。

理想が高すぎて現実を見失い、理想と現実のギャップに悩む人が多い。

ちょうどいいのは、今まであなたが１００％体験主義者型だったなら、７対３ぐらいの割合で、30％ぐらいは理論を受け入れて学ぶことを身につけると、さらにあなたの体験が３００％生かされるようになります。

もし今のあなたが、１００％経験主義者なら、７対３の割合で、30％ぐらいはあなたも実体験していけば、経営や商売の本当のたいへんさ、本当のすばらしさを体感することでしょう。

この体験は、間違いなくあなた自身の体験の理論化に役立ち、本当のお客様の声、本当の現場の声を知ることができるでしょう。

そして、さらにあなたの理論が３００％生きてくるはずです。

元々私は、１００％体験主義者であり、経験主義者を馬鹿にしていた。

何でもかんでも自分がやらないと気がすまず、自分がクビを突っ込まないと納得できない性格だった。

店舗視察だけは、ショッピングが趣味だったことから経験などは意識せず、毎日の生活の中で行なっていました。

何でもかんでも自前でやってきたおかげで、10種競技の選手のように何でもできる、何でもほどほどに上手くできる商人へと育った。

しかし実体験だけでは、上手くなるのに時間がかかることも知った。

そんなこともあって、31歳になってから理論を学びはじめ、経験を受け入れはじめた。

すると、今までの体験や現在の体験が、さらに３００倍も生かされ、仕事がますます面白くなってきた。

自分の体験したことを理論化する。

他人の経験を、自分を通してさらに自分なりに理論化する。

多くの経験を学ぶ。

そして、自分で体験して編集し直し、自分なりに理論化して発表する。

私の場合、ここ10年間は「体験主義7対経験主義3」の割合で、今でも推移しています。

これが、無理せず自分らしくできる割合でした。

そこで気づかされたことは、「下手でもいいじゃないですか」っていうことです。

下手なら下手なりに、下手な人の気持ちがわかり、かえってうまく商売ができるんです。

何でもそうだが、上手い人より下手な人のほうが絶対数が多いんですね。

そして、ほとんどの人が下手だから、「通い・習い・学び・買う」んですね。

そして、下手同士共感が持てるんですね。

そこにビジネスがあったんですね。

理論があるから実践があるんじゃなくて、実践の結果に対して理論があるわけです。

>>> 体験と経験は全然違うぜ！

◎体験主義者と経験主義者の違い

「体験」と「経験」の違いとは、どのようなものなのだろうか？　多くの人は、どちらも同じようなことと思っているかもしれない。ここで改めて『広辞苑』を引いてみると、「体験」とは、「自分が身をもって経験すること」とある。「またその経験」ともある。だから、「初体験」「戦争体験」「体験談」というように、「初経験」「戦争経験」「経験談」とは少しニュアンスが異なるものになる。

一方、「経験」を引いてみると、「人間が外界との相互作用の過程を意識化し自分のものとすること」とあり、個人体験よりも広がりを見せている。だから、体験主義とはどちらかと言うと、自分の身体を使って行動すること、と言っていいだろう。経験主義は、本を読んだりセミナーに出て他人の話を聞くことなどで、疑似体験をすることも含まれる。

私は、かつて絶対的な体験主義者だった。体験主義者とは、自分自身の体験を第一に重んじるため、他人の話を聞かない人が少なくない。しかも、自分がやったことしか信用しないわけだから、どうしても見識が狭くなりがち、ということにも気がついた。

そこで、経験主義や理論展開も必要と考え、この10年は自ら体験するだけでなく、机上の学問や勉強も重んじてきた。

以前の私は、机上の勉強でいったい何がわかるのかと思っていたこともあったが、今では、体験7対理論3の割合で、理論も学ぶ必要があることを実感している。要は、バランスの取り方ではないだろうか。

ここでは、体験主義者と理論主義者のどちらがいい、などと言っているわけではない。まずは、自分が体験主義者か経験主義者か、どちらなのかを知っておくべきだということである。そして、両方をバランスよく活用するべきなのである。

◎実践の結果、今がある

よく、理屈では立派なことを言う人が少なからずいる。そこで、その人が本当にやっているのか、あるいはできるのかを見ていると、まったくできていないことがある。こうなると、むしろがっかりしてしまう。

たとえば、見かけも立派で、健康や教育の話をする人がいたとする。ところが、その人が実際はヘビースモーカーだったり、悪い言葉遣いで人の悪口を言ったりするのを見ると失望させられるし、その人の言うことは、いくらよい話であっても信じられなくなってしまうはずだ。

ところが、見かけは不良少年のようで言葉遣いも悪いが、自分が更正してきた道のりを熱く語り、いかにがんばってきたかという体験を話したとしたら、きっと多くの人は感動するはずである。

要は、見かけやうわべではなく、その人がたどってきた人生にその人の人間味が現われるため、もし何かにチャレンジしても下手なりに一所懸命やっていれば、むしろ他人からの共感を呼ぶし、自分でも下手な人の気持ちがわかって寛大にもなれるのである。

何でも体験してみると、理屈で考えるよりもむずかしいことがわかる。理論上では簡単だが、いざやってみるとできないこともある。スキーや野球などのスポーツにしても、音楽や芸術にしても、口で教えてもらうだけなら簡単そうなのに、いざ自分でやってみるとまったくできないこともある。

また、その逆もある。「案ずるよりも産むが易し」という諺があるように、理屈で考えていたより、体験することは実は簡単だったということだ。

理論どおりに体現できない現実がある……

いくら理論が科学的で正しくても、理論どおりにいかない現実がある。

いくら知っていても体現できないのでは、絵に描いた餅にすぎない。

決して、我流が悪いわけではない。

私だって、商売のスタートは我流だった。

我流だって、毎日毎日リアルにお客様の仕草・動作・動向・視線・反応を見ながら店を弄り、棚を弄り、陳列を弄り回して改善し続けた！

本当に毎日だった！

私の推測とお客の購買が一致しないと、すぐに変えた。

POPだって、手配りビラだって、チラシだって同じだ。

毎日毎日、書いては書き直した。

教えてくれる人なんか、だれもいない。

教えてくれるのは、唯一お客様の反応だけだった！

これが、唯一の正解であり答えだった！

セミナーなんていうものがあることすら知らなかった。

目の前のお客の動向は、自分が一番よく知っている。

わからなければ、お客に聞けばいいだけだ。

自店の現場を知らないコンサルタントの先生方に

教えてもらうという発想すらなかった。

ヌクヌクと理論の上にあぐらかいて、偉そうな面する、現実を知らないコンサルタントが好きではなかった。

私は、学校の勉強は中学1年で止めた変人だ。現実逃避の本なんて大嫌いだった。36歳まで、1冊も本を読んだことがなかった男。

唯一の勉強法は、現場で毎日毎日お客と対峙することだった。

そこから、ＰＯＰやチラシや陳列法を編み出していった。

もちろん、教科書も何もない我流だったが、現場で毎日毎日お客から学んで改善・改革・深化を続けていたら、王道の原理原則へと勝手に行き着いちゃったのだ。

経営戦略だって、「ランチェスターの法則」なんて知らなかった。

ただただ現場で戦っては負け、競争の中から編み出したのが弱者の戦略だった。

地域独占の発想だって、我流で数式をつくって数値化した。

だから、あとから「ランチェスターの法則」を知ったときは、「何百年も前から、そんなものがあったのか……俺のこの6年はなんだったんだ……」

ショックだった……。

教育を受けなかった私は、基本的に遠回りの人間だった。

もちろん、そのおかげで遠回りした分だけ、懐の深さと引き出しの多さになって現われ、経営コンサルタントとしても十分活かされていますが……。

それからは、本を読んじゃったほうが早いと気づいて6年。
ビジネス書や実務書からも原理原則を学び、軽く1000冊を読破。

それが、現在の実践を理論化させてきた。

しかし、ここへ来て感じていることが、バットも振らずに本から打撃理論をばかりを学んだところで、あなたは150キロの球を打てますか？　理屈だけじゃ打てないよ！　ということ。

俺は、バットをブンブン振ってきた。
150キロの球もガンガン打ってきた。
もっと打率を上げるために。
もっと遠くへ飛ばすために。

試行錯誤のうえで、現実と向き合ってお客さんと対峙してきた。

それから理論を学んだから吸収も早い。

商売の基本は、現実のお客様との対峙からがスタートだよね。

体現できて、はじめて社会貢献できるわけだ。

何も知らなくて、体現もできない奴を、どうしようもない奴と言う。

いくら知っていても体現できないなら、社会的にはどうしようもない奴と同じ。

何も知らない奴と、何ら変わらない。

何も知らなくても、体現している奴のほうが十分社会に貢献している。

▼▼▼ 理論どおりに体現できない現実がある

◎最初は我流でもいい

販売実績を知るためには、まずデータを見る。データを見れば、売れたかどうかが一目瞭然でわかるからだ。とは言え、データだけではわからない部分もある。たとえば、売れた商品が10個という結果がデータに出てきても、その商品がお客様に喜んで受け入れられたかどうかはわからない。

なぜなら、現場で無理やりお客様に売りつけたのかもしれないし、お客様がどのような表情で買って行ったのか、数字だけで判断することはできないからだ。

それをたしかめる場が現場なのだ。現場では、その雰囲気が一目瞭然でわかる。それを、すぐに計画にフィードバックして取り入れることができる。

現場を見ていて興味深いのは、一人ひとりのスタッフの販売方法だ。自分の個性を活かして販売しているのだが、最初はだれでも我流で行なっている。何か手本があって、そのとおりにしても、なかなかうまくいくことはない。

たとえば、イチローの打ち方を例に取ってみよう。もし、あの打ち方についてのマニュアルがあって、それをきちんと手本どおりに真似て打っても、素人がいきなりあのように打てるわけがない。

だから、子どもの頃はわけもわからずにバットを振っていてもいいのである。商売も、最初は子供と同じだから我流でいいのだ。

だいたい、スタートはみんな我流なのだ。たしかに、どこまでも我流を押しとおす人も少なくない。ひとりでやっているのだったら、それでもいい。

しかし、いつまでも我流でとおすことはいかがなものだろうか？　途中で気がついて勉強し、より販売実績が上がるように研究したり、人の話を聞いて修正し、さらに実績が上がるようにしなければならない。いつまでも我流でいいはずがないのである。

たとえば、ひとりでやっている店ならそれでもいいだろう。しかし、それを多店舗展開しようと思った場合は、我流だけでは厳しいのが現実だ。

◎地域一番店になるには

とくに、自店を地域一番店しようと思ったら、我流だけではどうしても無理な部分がある。

我流の繁盛店はたくさんある。また、１店舗でパパママショップをしている分には、我流でも食べていくことはできるが、それ以上に大きくなることはない。

もう少し店を成長させたいと思ったら、勉強して理論化していくことが必要だ。そうしないと人も育てられないし、組織として大きくなりようがないからだ。

たとえば、野球選手のバッターが、ただ闇雲にバットを振っていればヒットを打てる、というわけではない。さんざんバットを振って、筋肉がついてきたら理論を学ぶべきなのである。筋肉もついてないのに、理論を教わっても打てるわけがない。

まずは、体をつくることが先決。もちろん、最初から勉強してそのとおりに練習すればいいのだが、そういう優秀な人は多くはない。

だから、私はあえて遠回りと言っている。サトーカメラは業態を変えて20年目になるが、まだ上場はしていない。しかし、焦らずに着々と足元を固めていくという方法こそが、今見直されているのではないだろうか？

今ここで、期待されている自分を裏切らないこと！

よく耳にするのが、志があるのかないのか、あるいは志が低いとか高いとか……。

志、志と言うが、自分の志になかなか気づけない人は、どうやって志にたどり着けばいいのだろうか？

私の志の発見法とは、

毎日毎日やらなければならない、決められたことを一つひとつ全力で取り組む、ということ。

そして、いろいろな業務や作業を続けているうちに、不思議に心ときめくときがある。

自分は、これをやっているときが一番ワクワクする、一番楽しいと思える瞬間に必ずぶつかります！

それが、自分の長所なんだ！

そして、自らの長所を活かすように生きると、自然に志へと向かうのだと思います。

目の前の決められたことや無理難題を、無我夢中で、真剣に全力でこなす。

そのうちに、必ず自分自身の長所に気づくんです。

そうしたら、その長所を存分に活かせばいいだけなのです。

だから私は、どんどん部下に無理難題を押しつけます。

彼らが忙しくても押しつけるのです。

なぜか？

それがわからない普通の社会人は、「自分で自分の首を絞めるようなことはしない」、「自分が苦労するようなことはなるべく避ける」という傾向がある。

だから、いつまでたっても明るい未来が開けてこないし、自分を成長させる志が見えてこないのだと思う。

よく考えてみると、あなたが期待されているから押し込まれるわけで、あなたにできる範囲だから押しつけられるわけです。

たとえ今はたいへんでも、1年後にはそんな仕事は当たり前になっているはず。

それが、成長の証なのだと思いますよ。

また、人間には〝飽きる〟という特性があるから、飽きないように続けられるように、刺激になるように押し込むのです。

飽きないためには見栄を張らず、自分に素直にやるだけです。

一般的に人は、自分には合わないと感じると、今やっていることを捨てて新しいことに走りたがるが、これが失敗の元。

今やるべきことの上に積み重ねていくことで志が見え、明るい未来が開かれることを知ってください。

先日、ある若造君からこんな質問ももらった。

若造君「新しい企画に挑戦したくても、今の仕事が忙しくて時間が取れません！」

佐藤「たしかに、その企画はすばらしいアイデアだよね。それならば、今の仕事をしっかりこなして、この企画をもっと深めたらいいじゃないか！」

今の仕事は、あまり自分に向いていそうもないし好きでもないから……って言いたいのはよくわかる。

たしかに、すごい仕事をする人は、君のように未来のあるべき姿を考える！

しかし同時に、今ここで期待されている自分を裏切らないことだ。

目の前の仕事を一つひとつ積み重ねていく人間は、足腰も強いし心も強い。判断力もあって、すばらしい志にも出会うことができる。

そこから、自然に明るい未来が近づいてくる。

だから若造君。

今は、目の前のことを何でも体験していこうとすることです。

現在から学ぶ中に未来があるわけで、決して飽きることなく、目の前の仕事に真剣に取り組もう!!

そうしていくうちに、自分が期待する明るい未来に進めるから心配するな！

何も、すばらしい夢や目標が今の道をつくったのではない。

一つひとつの目の前の仕事に真剣にぶつかり、その積み重ねが自分の進みたい道をつくり出し、自分のやりたい方向へと突き進んできたから現在があるのだと思う。

現在に不満を感じるなら、現在までの積み重ねができていない証拠。

そこから逃げても同じです。

現在に満足を感じるなら、昨日までの積み重ねができている証拠。

しかし、それはあくまでも現在までであって、今日からの積み重ねを忘れれば将来はわかりません。

その積み重ねが、自分にすばらしい志を見つけ出させてくれて勇気を与え、明るい未来を開いてくれるのです。

＞＞＞ 今ここで、期待されている自分を裏切らないこと！

◎大きな志とは、商売を広げることだけか？

昔、全国チェーンのある会社でコンサルティングを行なっていたときのこと。社長との話が弾んで、「私は、全国チェーンをつくりたいとは思いません」と言ったことがある。そのときその社長さんが「佐藤さん、天井低いね」と言われた。つまり、志が低いということなのだろう。

彼らは、「世界チェーンをつくる」、「大きな志を持っていなければダメだ」ということをモットーにがんばっている。しかしそれを、自分自身に置き換えて考えたとき、そもそも自分には、全国チェーンをつくろうとか世界ナンバーワンになろうなどと考えたことがないことに気づいた。そのようなことには、あまり興味がなかったのだ。

自分を振り返ってみたとき、大枠でこうなりたいとか、このぐらいの会社をつくってみたいといった思いはあったが、それはあくまでもぼんやりとした目標にすぎなかった。ところが、今の人は目標をピシッと決めて、それに向かって行くと言うのである。しかし、あまりにも具体的な目標設定をするため、かえって挫折しやすくなるのだ。

◎まわりの期待を裏切らないことで道は開ける

私はこれまで、挫折をしたことがない。そこで、この問題に直面して「なぜか？」と考えてみた。すると、本当に目の前の問題だけをきちんとこなしてきたことがわかった。自分の目の前に立ちはだかる仕事を全力でこなすことによって、いろいろな人が寄ってきたり、さまざまことが起きて、まったく想像もしていなかったことがどんどん起きてきたのである。その結果、今日の自分があることがわかった。

そこで大切なことは、華やかで具体的なビジョンも大切だが、今期待されている自分を裏切らないことも大切ではないか、と感じた。大きな夢を見るのもいいし、すばらしいことを言うのもけっこうだろう。

しかし、まずは自らがやらなくてはならないことを実践することだ。それは、与えられた仕事も含めて、きちんとこなしていくということである。地道な作業の連続で、今の自分がやりたいことではないかもしれない。

しかし、人から求められていることを、その期待に添うようにきちんと行なうことで、人は何らかの評価をしてくれるものである。周囲で見ている人もいれば、またそのような仕事に対する姿勢を見て励まし、ファンになってくれる人もいる。それが、あなたの将来の夢の実現につながっていくのだ。

◎地に足をつけて将来を見つめること

将来の夢を達成するためだけに、今やっていることを止めて、別のことをやるという人が少なくないが、私はそうではないと考えている。将来の夢があるのはわかるが、それに振り回されてしまってはならない。あまりにも華やかな夢を持っていれば、現実とのギャップに身もだえして壁にぶつかることもあるだろうが、現実を丁寧に消化していくことによって、壁を乗り越えることができるのである。

高い志という言葉や夢のようなビジョンに惑わされてはならない。むしろ、地に足をつけて実現可能な目標をきちんと決めて、それに向かって進んで行くべきなのである。

人間性を高くするためには高い志を持ったほうがいいと思うが、ビジネスで売上げに対してむやみに高い志を持っても、挫折するほうが多いのだ。

パレートの法則で言えば、実現可能な人は30％程度だろう。その他の70％は、突拍子もなく高い夢を描くのではなく、自分に与えられた仕事に没頭して着実に勉強していくべきなのだ。それが、なりたい自分になるための最善のコースなのだ。

自己成長の三原則「人の話を聞く！　本を読む！　実践する！」

どこのだれでもどんな人でも、たいていは少し教育を受ければ、20代は元気があるから勢いだけで突っ走れる！

それが、若さの特権です。

その元気と勢いを引き出すのが、長所を伸ばすという考え方です。

20代はそれだけで十分です！

実践第一主義、それだけで十分なのです！

しかし、30代半ばに差しかかると、20代の頃のようにはなかなかいかない。

それは当然です。

何十回も何年も、勢いと元気だけで乗り切ることを繰り返していても、それでいいのか？　っていう不安を感じるときが来ます。

自分の実践に対してマンネリ化し、体力だって落ちてくれば、昔のような元気は出ない。それは当たり前なのです。

身体は、どんどん衰えていくわけですから。

さらに、何回も同じ実践を繰り返せば、それはマンネリにもなります。

これがまさしく、勉強不足露呈の瞬間です。

30代に入ったら、やはり実践だけではダメなのです。

理論の勉強も必要になってきます。

自己育成の勉強方法は、人の話を聞く、本を読む、実践する、ということです。この三つの行動なくして成長はありません！

この三つが、自己成長をもたらす最大の勉強法なのです。

人の話を聞かないのではダメ。

多くの他人の経験には、想像を絶する教訓があります。

言葉の表面だけを聞くのではなく、言葉一つひとつの意味を自問自答することをおすすめします。

人に会って話を聞くのにも限界があります。

だから、本が必要になってきます。

すばらしい経験を体系化したものが本ですから、とことん読み込むのもいいでしょう。

実践ばかりでもダメなんです。

いくら実践できたとしても、整理して理論化・体系化されていないと、身体の衰えとともにやがてはマンネリ化していくからです。

理論化・体系化するためには、あなた自身が人に教えることをおすすめします。

教えることができるから、人の話が聞けるようになるのです。

いろいろな人の言葉から学びを感じられるようになれば順調ですね。

しかし、ほとんどの人が、この三つのどれかを怠る。

そうなると成長は止まり、バーチャル人間になってしまうか、勢いの減退とともにマンネリ化のどん底へ落ちていきます。

毎日の、三つの勉強を駆使した自己育成が、あなたの限界の壁をなくし、無限にどんどん成長させることになるのです。

◎この三原則を実践すれば必ず成長する

人が成長するための「自己成長の三原則」というものがある。人の話を聞く、本を読む、実践する、の三つである。私にとって、どれも納得できるものだし、そのどれもが必要なものだ。たとえば、「俺の背中を見て勉強しろ」という、職人世界の実践だけではだめなのだ。

この三つの柱を分割してみると、実践が50％で、人の話を聞くことと本を読むこと、これが経験で50％。この三つが三本柱となって、自分なりのものが確立できればすばらしいだろう。

さて、この中でさらに順位をつけるなら、一番は「実践する」ではないだろうか。その次に「人の話を聞く」、そして三番目が「本を読む」こと、となる。

さらに、この中で最も実行することがむずかしいのは、やはり「実践する」ではないだろうか。どんなに本を読んでも、どんなに人の話を聞いても、実践しない限り、何の結果も生まれないからだ。

とくに仕事は、実践することでお金をもらっているわけだから、本を読むだけ、人の話を聞くだけではダメなのだ。

たとえば、理屈だけだとしても、「理屈を勉強する」という実践の仕方がある。人の10倍も勉強すれば、それはひとつの実践になる。

どのようなことでも、実践することによってしか原理原則を身につけることはできない。それでは、「原理原則とは何か?」ということになる。原理原則は、調べて、調べて、調べぬくことである。考えてみれば、調べぬくということも実践なのだ。

◎三原則を身につけるには時間がかかる

20代で、この三原則をすべて身につけ、自分なりの、何があっても揺らがない価値観を身につけることは一般の人ではむずかしいはずだ。それができるのは、やはり40歳を過ぎてからではないだろうか。

順序としては、まず人の話を聞くこと。そして、納得できないときは本を読む。こうして、自分自身の中で理論を体系化できたら、そのとおりに実践すればいいのである。

私自身、人の話を聞いて本を読み、実践する。実践したら現場検証を行ない、改善すべきところは改善して、さらに実践してきた。この繰り返しこそが大切なのだ。

小学6年生の授業で教壇に立つ！

わが母校・宇都宮市立簗瀬小学校に3年前、栃木県で初の民間校長が赴任してきた。

私がＰＴＡ会長の任期を終えたとき、その方は新校長として迎え入れられました。

日産の工場長の経歴を持つ、ゴーンの血を引く辣腕校長先生は、たったの3年間で学校を改革し、子供たちの雰囲気までガラリと変えてしまい、元気のいい学校に変貌させていった、すばらしい校長先生である。

そして今回、校長先生の授業の一環で「夢教育」ということで、ＯＢで元ＰＴＡ会長であり、校長先生とは飲み友達でもある私が、小学6年生の授業の教壇にはじめて立たせてもらいました。

授業中から……。

佐藤「このクラスで頭のいい人、手を挙げて！」

1人の子が手を上げた。

佐藤「頭が悪いと思っている人、手を挙げて！」

3分の2以上の子どもが手を上げた。

これが、この年頃の子供たちの現実だと感じました。

小さな子供のうちから、でかい夢やすばらしい夢ばかり見ることを薦められ、たとえでかい夢を見たって、小学6年生から中学2年生の間で、現実の前に夢破れることがある。

遅くても、高校生で夢破れる人がほとんどです。

無理なものは無理と気づく年頃です！

だから私は、子供たちに言ってあげた！

おじさんは、もっとバカだったから心配するな！

夢は小さくてもいいからたくさん持て！

でかい夢が1個というのもすばらしいが、小さくても夢が100個もあれば、もっと楽しく生きられるぞ！

おじさんは、小学校のときは学校の先生になりたいと思った。

そして、中学生のときは芸能人になりたいと思った。

高校生の頃は、ラジオのＤＪになりたいと思った。

そして、お金持ちになりたいと思った。

数えたらきりがないほど夢は多い！

もちろん、今でも夢は多いよ！

とにかく当時、私はろくな努力もしなかった。

何をしていいのかすらわからなかった。

夢破れてどれも実現しなかったが……。

結局は、努力の仕方で形は変わるけれど、似たようなことをやっている自分がいることに気づく。

夢は1個だけじゃダメだ！

よほどの精神力の持ち主であれば、大きな夢に向かって一目散に進むこともできるだろうが、それは図書館にもある世界一の話だよ！

もし、自分が普通人だと思ったら、

夢を10個でも20個でも30個でも持て！

それこそ100個持て！

そうすれば、挫折もせずに毎日楽しく生きられるよ！

夢が多ければ、

相手を蹴り落とさずに、
お互いに励まし合いながらがんばることもできる。

夢が多ければ、
相手を恨むこともライバル視することもない。

思春期で挫折を味わい屈折するのは、
大きな夢を1個しか持たない人が多いからじゃないか？

または、大きな夢を持たなければならないと思い込んで悩んでいるんじゃないのか。

エジソンだの福沢諭吉だのイチローだのと、世界一のすばらし過ぎる天才の話しか聞いたことがない子供たち。

そんなことは、だれが聞いてもすばらしいから、感動するのは当然です。

そして、そのすばらしい話とはかけ離れた、現実の自分とのギャップに気づきはじめる年頃。

今まで、そんな話を聞いたことがない子供たちは、食い入るように身を乗り出し、私の話に聞き入ってくれた！

今はつまらなくても、国語・算数、何でも勉強しろ！
１００点満点なんか取れなくてもいいからやれ！

君たちがそんなに１００点満点を取りたければ先生に言え！
テストは問題を変えないで出してくれって。
そうすれば、１００点満点なんかすぐに取れるよ。
テストで１００点満点取ることがすばらしいんじゃない。
たとえ30点しか取れなくてもいい。
嫌いでもやることに意味がある。
ガキの頃からいろいろ学ぶことに意義がある！

子供の頃から、大好きなことばかりやっているのはダメ！

たとえば、ケーキが好きだからといって、毎日ケーキばかり食べていたらどうなる?

たしかに君たちのおじいちゃんは、毎日好きなものしか食べていないかもしれない。

それはそれでいいの。もうすぐ死ぬんだから！

しかし、君たちはこれからだ！

体や脳をつくるためには、嫌いなにんじんでも今は食べろ！

毎日1本食べろとは言わない。ひと切れでもいいから食べろ！

たしかに、ひと切れ程度食べたぐらいでは体に何の影響もないかもしれない。

しかし、ガキの頃からいろいろチャレンジすることに意義があるんだ！

子どもたちの感想文では、

「佐藤さんの話を聞いて本当によかった。私は頭もよくないので、何の才能もなく悩んでいたが、頭なんかよくなくても、とにかく夢をいっぱい持っていれば、そのうち何か続けたいことが出てくる。そうしたら続ければいい。才能は勝手に育つことを知って安心しました」

「大きな夢がない自分が嫌いでしたが、大小関係なく夢はたくさん持っていいと言われたので安心しました」

そんな彼らとの授業から、

子供たちに夢を持つことを教えながらも、

私自身も小学6年生に学ばさせていただきました！

◎ひとつの夢はむしろ危険

「あなたの夢は何ですか？」と聞かれたら、何か大きな夢をひとつ答えるのではないだろうか？　どういうわけか、夢と言うと何か大きな夢がひとつのように感じる。

もちろん、大きな夢をひとつ持つこともすばらしいのだが、その夢が挫折したときの落胆は相当なものだろう。

もし、バレリーナをめざしている子供が、足の病気でバレリーナになれなくなれば、それで夢はおしまい。

日本では、「二兎追うものは一兎を得ず」という諺があり、目標はひとつ大きく持ちなさいという風潮があったが、私は少し違う考え方をしている。とくに子供たちには、たとえ小さな夢でもたくさん持ってほしいと思っている。

10個、20個、30個、それこそ100個ぐらいは持っていてほしい、と子供たちに話す。100個の夢があれば、ひとつや二つの夢が叶えられなくても挫折感を味わうことなく、楽しく過ごすことができるからだ。

ほとんどの人は、大きな夢をひとつしか持っていないから、それが叶わなかったとき、立ち直れないほどの挫折感を味わうことになるのである。

◎小さな頃の自分の夢は形を変えて実現している

自分自身が子供の頃、「どんな夢を持っていたのだろう？」と考えてみたことがある。ずいぶん昔のことだから、はっきりとは覚えてはいないが、それでも考えてみると、「小学校のときはこんなことを考えていた」とか、「中学校のときはこうなりたかった」などと、いろいろと思い出した。なりたかった自分、つまり夢が、5個も10個も20個も、どんどん出てきた。

子供のときは、自分には能力がないと悩んだ時期もあり、どの夢も達成できていないと思っていたが、今気づいてみると、当時の自分の夢がかなり実現しているのだ。これには、自分でも少々驚いた。絶対に実現しようとやっきになってがんばってきたわけではないが、自分がやりたかったことが形を変えそれなりに実現し、なりたかったように自分の人生が進んできているように感じる。だから、夢は１００個くらいは持っておくべきなのだ。

◎夢は大きすぎないほうがいいときもある

どんな親でも、自分の子供に対してはそれなりの期待があるはずだ。子供のときは、天才や神童だと期待していても、20歳を過ぎたら「ただの人」になってしまうケースがいかに多いことか……。そして著名人を胸に描き、理想の人として「イチローだ」、「エジソンだ」、「福沢諭吉だ」というわけだ。同じように、学校の先生も偉人の話ばかりを語りたがる。

普通の人に、偉人のような人生を送れと言っても99%は無理な話で、目標設定を誤ると不満だらけの人生になってしまうだろう。

◎得意ではないことをやるからこそ、夢が実現できる

夢の実現のために、好きなことをやれと言う。ところが、好きなことだけでいいのだろうか?

これは、年齢を重ねてきた人ならいいだろう。自分自身の義務として、やりたくないことも、これまできちんとやってきたご褒美だからだ。定年退職後に、好きなことだけをして生きていこうと考えることは間違った考えではない。

しかし、子供の場合はいささか事情が異なってくる。子供は、好きなことだけをしていてはならない。

子供はこれから育っていくのである。いくら好きだからといって、子供の頃からケーキばかりを食べていたら間違いなく糖尿病になってしまう。だから子供は、たとえ嫌いでも栄養になる野菜も食べなくてはならない。嫌いな物を食べる努力をすること、チャレンジすることが大切なのだ。

同様に、子供のうちは、好きなことだけをやれと言っていてはだめなのだ。嫌いなこともやれと指導しなければならない。そして、嫌いなことをしながらも夢は実現していくということを教えてあげるのだ。

最後に、これはわれわれ大人にも言えることだと気づかされた。

佐藤 勝人（さとう　かつひと）

サトーカメラ株式会社代表取締役専務。日本販売促進研究所経営コンサルタント。

1964年　栃木県宇都宮市生まれ。ありとあらゆる業種業態において、たった1枚のチラシから、会社経営まで改善する手法によって、“日本一のチラシプロデューサー”としても評価が高い。1988年23歳で家業のカメラ専門店を大型専門店に業態を変えて親兄弟だけで、社員ゼロから「サトーカメラ」をスタート。2000年、35歳で「日本販売促進研究所」を設立。2004年、「サトーカメラ株式会社」代表取締役専務に就任。

現在、栃木県内で15店舗、個性豊かなアソシエイト150名を率い、北関東家電安売り戦争で有名な同県で業界売上11年連続北関東甲信越No. 1 達成。

日本で初めて、販売促進を通して「経営者の考え＝社員＝売場＝商品＝お客様」をつなげて理論を体系化した。

著書として、『チラシで攻めてチラシで勝つ！』（同文舘出版）、『日本一のチラシはこうつくれ！』（文芸社）、『一点集中で中小店は必ず勝てる！』（商業界）などがある。

毎日更新のブログ『佐藤勝人の経営一刀両断』http://katsuhito.exblog.jp/も人気上昇中

セミナー・講演・個別訪問指導等のお問い合わせやご相談は、ＦＡＸかメール、ハガキを下記までお送りください。

日本販売促進研究所
〒321－0934　栃木県宇都宮市簗瀬4－7－5
FAX：028－634－0337
katsuhito@satocame.com

本物商人・佐藤勝人のエキサイティングに売れ！

平成19年10月30日　初版発行
平成25年 1 月25日　2刷発行

著　者　佐藤勝人
発行者　中島治久

発行所　同文舘出版株式会社
東京都千代田区神田神保町1-41　〒101-0051
電話　営業03（3294）1801　編集03（3294）1803
振替　00100-8-42935　http://www.dobunkan.co.jp

 ISBN978-4-495-57741-4
印刷／製本：三美印刷　Printed in Japan 2007